DEMMLER VERLAG

Evemarie und Frank Löser

Wildblüten- & Kräutergelees

Außergewöhnliche Rezepte von Akazie bis Zitronenverbene

DEMMLER VERLAG

Titelfoto: „Blutpflaume – Blüten und Blütengelee", Dr. Frank Löser
Foto S. 2: „Blütenvielfalt der Wiese", Dr. Lutz Gebhardt
Rücktitelfoto groß: Dr. Frank Löser
Rücktitelfotos klein: Dr. Frank Löser, Dr. Lutz Gebhardt
Foto S. 2, 68, 83, 71, 85: Dr. Lutz Gebhardt
Alle anderen Fotos: Dr. Frank Löser

Dieses Buch ist sorgfältig erarbeitet worden. Gleichwohl erfolgen alle Angaben ohne Gewähr. Autor und Verlag übernehmen keinerlei Haftung.

© 2012 DEMMLER VERLAG GmbH
An der Bäderstraße 7 c
18311 Ribnitz-Damgarten
Tel.: 03821/ 70 63 97
Fax: 03821/ 70 88 76
info@demmlerverlag.de
www.demmlerverlag.de

Grafische Gestaltung: Matthias Krempien, Grafikdesigner (HBFS)
Satz und Layout: Matthias Krempien, Grafikdesigner (HBFS)
Druck und Verarbeitung: DZA Druckerei zu Altenburg GmbH, Altenburg

ISBN 978-3-910150-98-0

Zum Geleit

Marmeladen oder Gelees von selbst gesammelten wild wachsenden oder im Garten kultivierten Früchten, Pflanzen und Blüten sind wieder sehr beliebt. Wir möchten mit unseren Rezepten Anregungen zum selber machen geben und sie damit auch vor dem Vergessen bewahren.

In diesem Buch präsentieren wir Ihnen, verehrte Leser, Grundlagen zur Herstellung von Gelees aus Wildblüten und Kräutern, die Sie in der freien Natur oder im eigenen Garten finden. Die vorgestellten Rezepte wurden alle in der eigenen Küche ausprobiert und verkostet. Naturfreunde haben unsere Sammlung mit ihren Ideen und Erfahrungen bereichert.

Blütengelees sind nicht nur als Brotaufstrich geeignet. Sie können auch zur pikanten Verfeinerung von Speisen in Chutney, Saucen und Marinaden verwendet werden, wie z.B. Pfefferminze und Zitronenverbene an Lammgerichten. Auch als süße Verfeinerung von Tee oder anderen Heißgetränken nutzen wir Blütengelees von Zitronenmelisse, Raps und Holunder sehr gern. Jeder sollte seinem eigenen Geschmack folgen und auch bei der Verwendung experimentierfreudig sein.

Evemarie und Dr. Frank Löser
Im Herbst 2012

Sammeln und Ernten von Wildblüten und Kräutern

Bitte sammeln Sie nur die Blüten von Wildkräutern und Gehölzen, die Sie kennen und genau bestimmen können! Auch hier gilt: nicht am Straßenrand oder an Feldrainen sammeln, sie könnten von Schadstoffen verunreinigt sein. Beim Sammeln auf Ackerflächen oder auch in Obstanlagen **vor dem Sammeln immer zuerst** den Eigentümer um Erlaubnis bitten.

Gesammelt wird an einem trockenen Vormittag. Es sollte 24 Stunden vorher kein Regen gefallen sein, damit die Blüten ihren Duft voll entfalten können.

Blütenblätter werden nur bei Bedarf, wie bei starkem Insektenbefall etc., ganz vorsichtig gewaschen. Ansonsten nur leicht ausschütteln und zeitnah verarbeiten.

Begriffe

Gelee

Das Wort „Gelee" leitet sich vom französischen *gelée* ab und hat seinen Ursprung im lateinischen Wort *gelare.*
Die Blüten gelieren bei der Zubereitung kaum, deshalb sind Zusatzstoffe wie Geliermittel, Apfelsaft oder Fruchtsäure notwendig.

Bei der Verarbeitung der Blüten zu Gelee mit Wasser oder Wein machten wir die Erfahrung, dass trotz Zugabe von Zitronensaft die Gelierprobe nicht fest genug wurde. Beim Einsatz von reinem Apfelsaft oder einer Mischung aus der gleichen Menge Apfelsaft und einer anderen Flüssigkeit war das Ergebnis optimal.

Gelierprobe

Wer beim Kochen von Gelee auf der sicheren Seite sein möchte, macht vor dem Einfüllen in die Gläser immer eine Gelierprobe. Dieser kleine Aufwand hat schon manche Enttäuschung verhindert und Korrekturen sind immer möglich.
1 bis 2 Teelöffel des fertigen Produktes auf einen kühlen Teller gegeben (vorher in den Kühlschrank stellen) und einen Moment abkühlen lassen. Die Fruchtmasse muss sichtbar fest werden und darf beim Schräghalten des Tellers nicht mehr verlaufen (im Zweifelsfall lieber länger warten).
Richtig „fest" wird Gelee oft erst im ausgekühlten Zustand; das kann mehrere Tage dauern. Auch die Verwendung von kleinen Gläsern fördert die Gelierfähigkeit.
Sollte die Gelierprobe nicht fest genug ausfallen: etwas Zitronensäure oder frisch gepressten Zitronensaft dazugeben und nochmals aufkochen.

Bild links: *Gänseblümchen und Löwenzahn*

Gelierzucker

Gelierzucker besteht aus Zucker, Apfelpektin und Zitronensäure und garantiert bei Einhaltung der Gebrauchsanweisung gutes Gelingen.

Im Handel erhältliche Gelierzucker unterscheiden sich in 1:1, 2:1 oder 3:1-Zucker. Damit wird das Verhältnis des zu verwendenden Anteils Fruchtgut zum Anteil Gelierzucker bezeichnet. So wird beim Gelierzucker 2:1 die doppelte Menge Fruchtgut auf eine Menge Zucker verwendet.

Für die Verarbeitung von Flüssigkeiten, wie bei der Geleezubereitung, ändert sich das Verhältnis der Mengen wie im Grundrezept (S. 14) beschrieben: 750 ml Flüssigkeit für 500 g Gelierzucker 2:1.

Gelierzucker 3:1 und 2:1 enthalten Konservierungsstoffe.

Bitte beachten Sie immer die Rezeptvorgabe des jeweiligen Herstellers von Gelierzucker und auch die individuellen Angaben der Autoren.

Hinweise für die Zubereitung

Abfüllen

Das Einfüllen des fertigen Gelees gelingt mit einem Einfülltrichter sehr gut. Das Produkt kommt heiß ins Glas und Verbrennungen der Hände werden vermieden.

Abschäumen

Beim Kochen mit Gelierzucker kann sich auf der Oberfläche Schaum bilden. Mit einer Schaumkelle wird er abgeschöpft und entsorgt. Gelees werden dadurch klarer; es wird aber nur das Aussehen verbessert – nicht der Geschmack.

Alkohol

Die Zugabe von Alkohol (Geist oder Likör zur Verfeinerung des Geschmacks) erfolgt immer erst zuletzt, nach dem Kochen (2 – 4 cl auf 1000 g Fruchtmasse).

Achtung

Ist Alkohol im Gelee enthalten, muss dies immer deutlich gekennzeichnet sein!

Blüten

Blüten/Blütenblätter nur bei Bedarf ganz vorsichtig waschen. Ansonsten nur leicht ausschütteln, Insekten entfernen und sofort verarbeiten. Durch Zugabe von Likör der gleichen Fruchtart kann das Aroma verfeinert werden.

Bild links: *Für die Geleezubereitung unentbehrlich: Gelierzucker und Zitronensaft*

Fruchtfarbe

Ein Glas Gelee mit einer guten Farbe stimmt froh, Farben bringen die Seele in Schwung – das ist bewiesen.

- *Gelb* steht für den Geist und die Spiritualität
- *Blau* ist ein Symbol für den Verstand, die Konzentration, Ruhe und Entspannung
- *Rot* bezeichnet die Liebe und wärmt das Herz

Bei Blütengelee ist die ursprüngliche Blütenfarbe oft nicht mehr in der Farbe des Gelees sichtbar. Aus blauen Veilchen entsteht karminrotes Gelee, kein blaues.

Gläser

Wir empfehlen zum Aufbewahren der Gelees kleinere Gläser:
- Die später zu verbrauchende Menge ist überschaubar.
- In kleineren Gläsern gelingt die Gelierung besser.

Verwenden Sie Twist-off-Gläser mit entsprechendem Deckel und achten Sie immer auf Sauberkeit.

Die gründlich gereinigten und vorgewärmten Gläser werden mit dem heißen Gelee gefüllt und sofort mit sauberen Deckeln verschlossen. Die Gläser werden bei uns zum Abkühlen kopfüber auf den Deckel gestellt. Das luftdichte Verschließen, auch „Zuziehen" genannt, verhindert das Schimmeln des Inhaltes. Dieser optische Nebeneffekt hat aber auch seine Liebhaber ...

Gläser für die selbstgemachten Gelees

Wurden Zitronenschale, Minze oder andere Zutaten beigegeben, sollten die Gläser während des Abkühlens mehrmals vorsichtig gedreht werden. Dabei verteilen sich die Zutaten besser in der gesamten Fruchtmasse und setzen sich nicht komplett am Boden ab.

Inhaltsstoffe

Die Pflanzenporträts enthalten Hinweise zur Bedeutung der jeweiligen Gewächse in der Heilkunde und zu ihren Inhaltsstoffen.

Die in selbstgemachten Wildpflanzen- und Kräutergelees enthaltenen Wirkstoffe sind aber zu gering konzentriert, um eine sicht- oder spürbare heilende oder medizinische Wirkung zu erreichen.

Kochzeiten

Beachten Sie bitte die auf den Gelierzuckertüten angegebenen Kochzeiten. Dabei gut umrühren und richtig durchkochen lassen.

Rezepte von A - Z

Grundrezept zur Herstellung von Blütengelees

Zutaten: Blüten, Blätter oder Triebspitzen laut Rezept; 750 ml Wasser, Apfelsaft, Wein etc. oder Mischung davon; Zitronensaft oder Zitronensäure laut Rezept; 500 g Gelierzucker 2:1

Blüten, Blätter oder Triebspitzen sammeln, durchsehen und nur bei Bedarf waschen. Danach gut ausschwenken bzw. trocken tupfen und mit der Flüssigkeit ansetzen. Das Ganze eine Nacht abgedeckt stehen lassen. Dann abseihen und 750 ml Sud in einem ausreichend großen Topf gut mit dem Gelierzucker und dem Zitronensaft laut Rezept vermischen. Langsam erhitzen. Unter mehrmaligem Umrühren aufkochen und etwa 5 Min. köcheln lassen.

Danach die Gelierprobe machen. Heiß in die Gläser füllen, fest verschließen und kopfüber zum Abkühlen aufstellen.

oder:

Die küchenfertigen Blüten etc. in der Flüssigkeit ansetzen und sofort kurz aufkochen, anschließend abkühlen lassen. Danach abseihen und 750 ml abmessen, mit 500 g Gelierzucker 2:1 und dem Zitronensaft gut im Topf mischen und zum Kochen bringen.

Dabei mehrmals umrühren und ca. 4 Min. köcheln lassen, dann die Gelierprobe machen, heiß in Gläser füllen, sofort fest verschließen und kopfüber zum Abkühlen aufstellen.

Selbstgemachte Gelees aus Wildblüten und Kräutern

So konserviertes Gelee hält sich mehrere Monate oder bei geringem Verbrauch auch Jahre. Wir haben bei selbstgemachten älteren Geleevorräten auch nach 2 bis 4 Jahren keine Geschmacksverluste oder andere Mängel festgestellt.

Fertiges Gelee kann nach dem Abkühlen auch sofort verzehrt werden: Frisch zubereitetes Gelee in geeignete offene Gläschen/Schälchen füllen, abkühlen lassen und mit Klarsichtfolie zum Schutz vor Insekten abdecken. Kühl aufbewahren und zeitnah verbrauchen.

Akazie

Nur die einzelnen Blüten kommen in den Sammelkorb.

Akazie oder Robinie *(Robinia pseudoacacia)*

Die Gewöhnliche Robinie, im deutschen Sprachraum auch Akazie genannt, ist ein sommergrüner Baum mit lockerer schirmartiger Krone, der Wuchshöhen bis 30 m erreichen kann. Die Borke des Stamms ist graubraun bis dunkelbraun und tief gefurcht; die Äste stehen gedreht an einem kurzen Stamm, der zur Ausbildung einer Doppelkrone neigt.

Der Baum ist weitgehend frosthart. Die Gewöhnliche Robinie begrünt sich erst sehr spät im Frühjahr. Die wechselständigen und unpaarig gefiederten Laubblätter haben eine Länge von 15 bis 30 cm. Sie bestehen aus jeweils neun bis neunzehn eiförmigen Einzelblättchen, die sie mit kleinen Gelenken bei großer Hitze senkrecht nach unten klappen können. Während die Krone meist ohne Dornen ist, sind besonders an den Schösslingen die Nebenblätter in bis zu 3 cm lange, rotbraun gefärbte Dornen umgebildet.

Die Blüten der Gewöhnlichen Robinie erscheinen in den Monaten Mai bis Juni, sie duften kräftig nach Bergamotte. Jeweils 10 bis 25 Blüten bilden lange hängende Blütentrauben von 10 bis 25 cm an den jungen Zweigen. Diese Schmetterlingsblüten bieten reichlich Nektar und werden daher von vielen Insekten aufgesucht.

Wir verarbeiten nur die Blüten, aus denen auch köstlicher Bienenhonig entsteht. Regional werden in Plinsenteig (Eierkuchen) getauchte Blüten in Öl/Fett ausgebacken (wie die Blüten vom Schwarzen Holunder) und mit Staubzucker und etwas Zimt bestreut als leckere Köstlichkeit serviert.

Robiniengehölz in voller Blüte

Akazienblütengelee

Zutaten: 250 g Robinienblüten, 750 ml Apfelsaft, 500 g Gelierzucker 2:1

Akazienblüten von Insekten, Stielen und Stängeln befreien, bei Bedarf kurz waschen und gut trocken tupfen. Blüten im Apfelsaft über Nacht stehen lassen. Dann abseihen und den Saft mit dem Gelierzucker mischen, kurz aufkochen und weitere 4 Min. köcheln lassen. Gelierprobe machen, dann heiß in Gläser füllen, sofort fest verschließen und kopfüber zum Abkühlen aufstellen.

Apfelblüten

Apfel *(Malus domestica)*

Einen Apfelbaum kennt wohl jeder – und wenn es aus dem Märchen „Frau Holle" ist.

Die Früchte wachsen an sommergrünen Bäumen oder Sträuchern. Die wechselständig angeordneten Laubblätter sind gestielt, ihre Form ist oval bis eiförmig oder elliptisch und die Blattränder sind meist gesägt.

Die Blüten erscheinen im April/Mai, sie stehen einzeln oder in doldigen schirmrispigen Blütenständen, die überwiegend sehr angenehm duften.

Blütenfülle mit betörendem Duft beim Wildapfel

Diese fünfzähligen Blüten sind flach, becherförmig und haben einen Durchmesser von 2 bis 5 cm.

Die fünf grünen Kelchblätter sind später auch noch an den Früchten erhalten. Weiß, rosa oder rot können die fünf freien Kronblätter gefärbt sein.

In jeder Blüte sind 15 bis 50 Staubblätter mit weißen Staubfäden und gelben Staubbeuteln vorhanden.

Erst wenn die Einzelblüten richtig erblüht sind, werden sie bei sonnigem Wetter gesammelt und danach verarbeitet. Sie können auch mit Olivenöl zu einer duftenden und wirksamen Lotion bereitet werden.

Sie macht die Haut zart, weich und geschmeidig, bewahrt die Feuchtigkeit und duftet herrlich.

Beim Sammeln sollten die empfindlichen Blüten nicht in Behälter gequetscht, sondern locker im Korb transportiert werden.

Apfelblütengelee

Zutaten: 100 g Apfelblüten, 250 g Gelierzucker 2:1, 500 ml Weißwein, 1 Zitrone

Die sauberen frischen Blüten mit dem Weißwein mischen und etwa 24 Stunden ziehen lassen. Danach durch ein Tuch/feines Sieb in einen geeigneten Topf seihen, den Saft der Zitrone und den Gelierzucker gut hineinrühren. Unter mehrmaligem Umrühren kurz aufkochen, danach etwa 4 Min. weiter köcheln lassen. Nach der Gelierprobe heiß in Gläser füllen, fest verschließen und kopfüber zum Abkühlen aufstellen.

Trugdolde des Baldrian

Baldrian *(Valeriana officinalis)*

Baldrian wirkt bei nervösen Erregungszuständen beruhigend auf das Nervensystem; aber nicht wie eine „harte Droge", sondern sanft und unterschwellig.

Er wird auch bei Schlaflosigkeit, allgemeiner Nervosität und bei Prüfungsangst empfohlen.

In der Volksheilkunde wird die Wurzel, welche Wirkstoffe wie ätherische Öle, Tannine und Harze enthält, innerlich und äußerlich zur Anwendung gebracht.

Die Blätter werden zu Tee etc. verarbeitet.

Baldrian, auch Katzenkraut genannt, ist ausdauernd und wird bis zu 150 cm hoch. Die Blätter sind gefiedert. Die Blüten erscheinen von Mai bis in den September hinein. Sie erblühen weiß bis zartrosa und stehen in reich blühenden Trugdolden. Auf feuchten Wiesen oder Gräben und auch an Waldrändern ist der Baldrian leicht zu finden.

Im Garten kann er als Kulturform angebaut werden. Er bevorzugt humose, aber ausreichend feuchte Böden.

Baldrian in freier Natur

Baldriangelee

Zutaten: 50 g Baldrianblüten, 350 ml Apfelsaft, 250 g Gelierzucker 2:1

Küchenfertige Blüten ohne Stiele im Apfelsaft über Nacht stehen lassen, dann abseihen. Saft im Topf gut mit dem Gelierzucker mischen und kurz aufkochen, danach etwa 4 Min. köcheln lassen. Nach der Gelierprobe heiß in Gläser füllen, sofort fest verschließen und kopfüber zum Abkühlen aufstellen.

Basilikum *(Ocimum basilicum)*

Basilikum ist allgemein als aromatische Würzpflanze, auch als Königskraut bezeichnet, bekannt. Es wirkt verdauungsfördernd und auch entzündungshemmend: Hier kommen die ätherischen Öle (Methylchavicol, Cineol, Linalool) zur Wirkung.

Weiterhin sind Gerbstoffe, Säuren und verschiedene Vitamine enthalten.

Die blühenden Triebe, mit bis zu drei Blättern in oval bis oval-lanzettlicher Form, werden im Garten oder von gekaufter Ware geerntet und frisch verarbeitet. Optimal ist natürlich die Ernte aus dem eigenen Garten. Basilikum ist einjährig und kann bis zu 50 cm hoch werden.

Basilikum wächst bei uns nur kultiviert, mag humosen Boden, aber nicht zu trocken und möglichst vollsonnige Lage.

Bild links: *Frischer Basilikum*

Basilikumgelee

Zutaten: 25 g Basilikumblätter, 500 ml Apfelsaft, 250 g Gelierzucker 2:1, 1 Zitrone, 1 EL Rum

Basilikumblätter waschen, trocken tupfen, fein schneiden oder auch nur klein zupfen. Zitrone auspressen und den Saft mit dem Gelierzucker und dem Apfelsaft aufkochen. Basilikum dazugeben und zusammen 4 Min. köcheln lassen.
Gelierprobe machen, heiß in Gläser füllen, etwas Rum auf die Deckelinnenseite tropfen und sofort fest verschließen, kopfüber zum Abkühlen aufstellen.

Basilikumgelee mit Zitrone

Zutaten: 30 Basilikumblätter, 250 ml Zitronensaft, 250 g Gelierzucker 1:1

Etwa 500 g Zitronen auspressen und davon 250 ml Saft abmessen. 3 Zitronen mit dem Zestenschäler abschälen. Die Zesten mit dem Zitronensaft und Gelierzucker in einen Topf geben und gut umrühren. Basilikum waschen, gut ausschwenken und ganz fein hacken. Den Saft bei großer Hitze zum Kochen bringen, dabei ständig umrühren und 4 Min. köcheln lassen. Topf vom Herd nehmen, das feingehackte Basilikum hineinrühren. Nach der Gelierprobe heiß in Gläser füllen, sofort fest verschließen und zum Abkühlen kopfüber aufstellen.

Blüten der Wildbirne

Birne
(Pyrus communis)

Birnenbäume sind sommergrüne mittelgroße Bäume mit meist steiler schlanker Krone. Die wechselständigen Laubblätter sind in Blattstiel und Blattspreite gegliedert. Im Herbst verfärben sich die Blätter überwiegend rot bis scharlachrot.

Die Blüten erscheinen vor den Blättern und/oder auch zusammen mit ihnen. Die Blütenstände sind doldig-traubig. Die gestielten Blüten sind zwittrig, radiär symmetrisch und fünfzählig. Sie blühen überwiegend weiß, seltener auch rötlich.

Die Blüten können auch mit Zuckerwasser übersprüht und dann als kandiertes Konfekt genascht werden.

Birnenblütengelee
Zutaten: 100 g Blüten, 250 g Gelierzucker 2:1, 2 cl Birnenschnaps, 300 ml Wasser

Saubere Blüten in 300 ml Wasser mischen und 24 Stunden stehen lassen. Dann durch ein Sieb abgießen, mit dem Gelierzucker im Topf mischen und kurz aufkochen lassen. Mehrmals umrühren und etwa 4 Min. bis zur Gelierprobe köcheln lassen. Nun den Birnenschnaps dazu gießen, heiß in Gläser füllen, fest verschließen und kopfüber zum Abkühlen aufstellen.

Blaufichte
(Picea pungens 'Glauca')

Hier werden nicht die relativ unscheinbaren Blüten, sondern die zarten grünen Spitzen vom Austrieb im Mai/Juni zu Gelee verarbeitet. Aber bitte nur von eigenen Bäumen ernten; ansonsten unbedingt vorher vom Besitzer die Erlaubnis einholen.

Die Blaufichte war lange Zeit der am meisten begehrte und genutzte Weihnachtsbaum. Sie wurde erst 1862 in Colorado entdeckt.

Die Blaufichte hat sehr kräftige, waagrecht stehende Äste und einen Stamm mit graubrauner gefurchter Rinde. Die blaugrünen Nadeln sind ganz jung noch weich; die ausgewachsenen sind sehr zäh, vierkantig und stechend.

Achtung

Beim „Ernten" der jungen Spitzen sollte man vorsichtshalber Handschuhe tragen, es piekt doch gar sehr.

Nur solche jungen Triebe werden geerntet.

Blaufichtenspitzengelee

Zutaten: 500 ml frische Blaufichtenspitzen, 700 ml Wasser, 500 g Gelierzucker 2:1, 1 Zitrone

Triebspitzen gut ausschütteln und im Wasser aufkochen, bis die Spitzen weich sind. Noch warm durch ein Sieb/Tuch abseihen und kräftig ausdrücken. Den Sud mit dem Gelierzucker und dem Zitronensaft wallend aufkochen und danach ca. 5 Min. köcheln lassen. Nach der Gelierprobe heiß in Gläser füllen, fest verschließen und zum Abkühlen kopfüber aufstellen.

Blutpflaume
(Prunus cerasifera)

Als Blutpflaume bezeichnet man rotlaubige Sorten der Kirschpflaume und weitere rotlaubige Sorten, die aus Kreuzungen mit verwandten Arten entstanden sind. Sie werden meistens als Ziergehölz angepflanzt, hauptsächlich kommt die Sorte „Nigra" zum Anbau.

Entstanden ist die Blutpflaume vermutlich aus einem 1880 von Persien nach Frankreich gebrachten Baum. Die Blutpflaume wächst als größerer Strauch oder als kleiner bis mittelhoher Baum. Die Blätter sind karminrot bis schwarz-rot gefärbt, im Kroneninneren auch grünlich durchschimmernd.

Die Blüten der Blutpflaume entfalten sich zur gleichen Zeit wie die Blätter. Sie erscheinen bereits Ende März/ Anfang April, je nach Witterung. Sie erblühen in rosa mit ebenfalls rosafarbigen Staubgefäßen.

Bild links: *Blüten und Knospen der Blutpflaume*

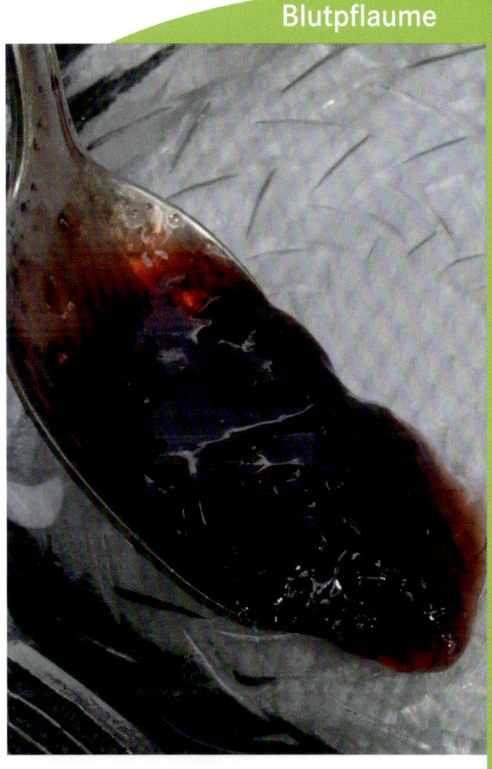

Gelierprobe mit dem Löffel

Blutpflaumengelee
Zutaten: 50 g Blüten der Blutpflaume, 700 ml Apfelsaft, 500 g Gelierzucker 2:1

Blüten durchsehen und Insekten entfernen, dann im Apfelsaft eine Nacht ziehen lassen. Nach dem Abseihen mit dem Gelierzucker mischen und aufkochen lassen, umrühren und weitere 4 Min. köcheln lassen. Nach der Gelierprobe heiß in Gläser füllen, sofort fest verschließen und kopfüber zum Abkühlen stellen.

Brombeere *(Rubus sect.)*

Das Wort „Brombeere" ist aus dem althochdeutschen Wort „brämber" – Dorngebüschbeere oder Beere des Dornstrauchs – hervorgegangen.

Brombeeren sind Kletterpflanzen und sie werden zwischen 0,5 und 3 m hoch. Die Stängel sind je nach Sorte mehr oder weniger mit Stacheln besetzt und verholzen im Verlauf der Vegetationsperiode. Die Stacheln

Brombeerblütengelee

Zutaten: 100 g Blüten, 500 g Gelierzucker 2:1, 1 000 ml Cidre, 1 Zitrone (unbehandelte/nicht gespritzte Bioware), ¼ Vanillestange

Blüten gut auslesen, Zitrone gründlich abwaschen, trockentupfen und schälen. Brombeerblüten mit der Zitronenschale, Vanillestange und dem Cidre kurz aufkochen, abkühlen lassen und anschließend durch ein Sieb geben. Den Sud nun mit dem Zucker mischen, aufkochen und anschließend 4 Min. köcheln lassen. Gelierprobe machen, heiß in Gläser füllen und sofort fest verschließen. Kopfüber zum Abkühlen abstellen.

dienen der Pflanze als Kletterhilfe und Schutz vor Tierfraß. An den Trieben sitzen wechselständig unpaarig drei-, fünf- und siebenzählig gefiederte gezähnte Blätter.

Die Araber bereiteten daraus einst auch Liebestränke ...

Brombeerblätter werden zu den ältesten Arzneidrogen in der Humanmedizin gerechnet.

Erst im zweiten Jahr bildet die Pflanze an den Haupttrieben spezielle Seitentriebe, an deren Ende sich die Blütenstände ausbilden. Zwischen Juni und August bilden sich die meist weißen, selten rosafarbenen Blüten aus. Sie werden in voll erblühtem Zustand gesammelt und gern auch zur Speisendekoration verwendet.

Bild rechts: *Das Pflücken der Blüten ist eine stachlige Angelegenheit.*
Bild unten: *Brombeerblüten*

Douglasie
(Pseudotsuga menziesii)

Hier sind nicht die Blüten für die Zapfen, sondern die zarten Triebspitzen zu Beginn des Austriebes im Mai/Juni das gefragte Material für die Geleezubereitung.

Sie wird umgangssprachlich auch Douglastanne, Douglasfichte oder Douglaskiefer genannt und stammt aus Nordamerika. Die Douglasie ist ein immergrüner Baum mit Wuchshöhen bis 60 m. Der schot-tische Botaniker David Douglas (1799 – 1834) brachte dieses Gehölz im 19. Jahrhundert von einer nordamerikanischen Expedition mit nach Kew Gardens. (Kew Gardens ist einer der ältesten botanischen Gärten der Welt. Die Parkanlage ist im Südwesten Londons gelegen und wurde 2003 UNESCO-Weltkulturerbe.)

Die Nadeln sind grün bis blaugrün, einzeln stehend, weich und stumpf. Sie sind 3 bis 4 cm lang und verströmen, wenn man sie zerreibt, einen aromatischen angenehmen Geruch. Sie schmecken leicht nach Harz und werden auch als Aroma für Tee, Süßspeisen und Spirituosen verwendet.

Junge Zapfen werden unbedingt geschont, nur die jüngsten Triebspitzen werden gesammelt – und die natürlich nur vom eigenen Gehölz.

Bild rechts: *Zarte Triebspitzen der Douglasie*

Douglasientriebspitzengelee

Zutaten: 1 000 ml Douglasientriebspitzen, 1 000 ml Wasser, 1 000 g Gelierzucker 2:1, 1 Zitrone

Die jungen Triebspitzen mit dem Wasser so lange aufkochen bis sie weich sind. Abkühlen lassen, dann durch ein Tuch abgießen und ausdrücken. Den Sud mit dem Gelierzucker und dem Saft der Zitrone mischen, kurz aufkochen und danach 4 Min. köcheln lassen. Nach der Gelierprobe sofort heiß in Gläser füllen, fest verschließen und kopfüber zum Abkühlen aufstellen.

Erdbeere

(Fragaria vesca oder Fragaria ananassa)

Wild- oder auch Walderdbeeren (F. vesca) spielen schon seit der Steinzeit eine Rolle in der menschlichen Ernährung. Erst mit der Einführung von amerikanischen Arten im 18. Jahrhundert entwickelte sich die Gartenerdbeere (F. ananassa).

Erdbeeren sind mehrjährige krautige Pflanzen. Meist sind sie weich oder seidig behaart. Die Pflanzen treiben Ausläufer, diese bewurzeln sich und bilden neue Pflanzen. Die Laubblätter sind meist dreiteilig gegliedert.

Vom Frost geschädigte Blüte – nicht sammeln!

Sie bilden im Frühsommer weiße Blüten aus, die auch zu Konfekt kandiert werden können.

Die Blüten stehen meist zu mehreren in Trugdolden an der Spitze des aufrechten armblätterigen Schaftes. Hieraus bilden sich, wenn kein Frost die Blüten zerstört, die leckeren roten Früchte.

Bild links: *Die voll erblühten Blütenköpfe werden gesammelt.*

Erdbeerblütengelee

Zutaten: 50 g Erdbeerblüten, 700 ml Apfelsaft, 500 g Gelierzucker 2:1

Erdbeerblüten durchsehen, Insekten auslesen und frostgeschädigte Blüten entfernen. Blüten im Apfelsaft über Nacht stehen lassen, dann abseihen. Mit dem Gelierzucker mischen, kurz aufkochen und danach weitere 4 Min. köcheln lassen. Gelierprobe machen, heiß in Gläser füllen, sofort fest verschließen und kopfüber zum Abkühlen aufstellen.

Feldthymian
(Thymus serpyllum)

Thymian wird regional auch als Quendel und Wilder Polei bezeichnet. Flach über der Erdoberfläche, bis etwa 20 cm hoch, kriechen die Stängel dieser mehrjährigen Pflanze dahin. Die aromatischen Blüten sind klein und rosa/lila in der Farbe.
Die Blütezeit liegt zwischen April und September. Sie sind ein guter Honiglieferant. Nur die Blütentriebe werden vorsichtig von der Pflanze abgezupft, nicht herausreißen!

Feldthymianblütengelee
Zutaten: 150 g Thymianblütenköpfe, 300 ml Weißwein oder Apfelsaft (oder Mischung), 250 g Gelierzucker 2:1

Blütenköpfe von harten Stängeln trennen und in der Flüssigkeit ansetzen, eine Nacht ziehen lassen. Dann abseihen, mit dem Gelierzucker kurz aufkochen und weitere 4 Min. köcheln lassen. Nach der Gelierprobe heiß in Gläser füllen, sofort fest verschließen und kopfüber zum Abkühlen aufstellen.

Die frischen Blüten werden auch zum Dekorieren von Speisen verwendet. Man kann sie mitessen und sie passen als feines Gewürz auch gut zu Tomaten. Sie regen den Appetit an und fördern die Verdauung.

Das Kraut und die Blüten enthalten Cymol und Thymol, Gerb- und Bitterstoffe, Saponine und Harz, Vitamin C und Carotin.

Die Blüten duften aromatisch und haben einen würzigen, herb bitteren Geschmack.

Feldthymian gilt als alte Arzneipflanze und wurde bei Erkrankungen des Atemsystems, bei Halsschmerzen und Katarrhen eingesetzt.

Er wirkt krampflösend, verdauungsfördernd und äußerlich angewendet auch desinfizierend.

Bild rechts: *Feldthymian in voller Pracht*

Zart hellgrüne Triebspitzen der Fichte

Fichtenspitzentriebgelee

Zutaten: 1 000 ml Fichtenspitzen, 1 000 ml Wasser, 1 Zitrone, 500 g Gelierzucker 2:1

Spitzen der Fichtentriebe mit Wasser aufkochen bis sie weich sind. Nach dem Abkühlen durch ein Tuch abseihen. 750 ml Flüssigkeit abmessen und mit dem Saft der Zitrone und dem Gelierzucker kräftig aufkochen. Danach weitere 4 Min. köcheln lassen, Gelierprobe machen und sofort heiß in Gläser füllen, fest verschließen und kopfüber zum Abkühlen aufstellen.

Fichte *(Picea abies)*

Die Fichte ist ein weit verbreiteter Nadelbaum. Die zarten jungen Triebe sind, im Gegensatz zum Dunkelgrün der „Altnadeln", gut an ihrer deutlich helleren Farbe zu erkennen.

Die Fichte ist in Europa heimisch und sie wird gerne als Weihnachtsbaum verwendet. Der Baum, der bis zu 50 m hoch wird, besitzt immergrüne Nadeln.

Hier sind nicht die Blüten das Sammelobjekt, sondern die zarten Triebspitzen zu Beginn des Austriebes im Mai/Juni. Dieser so genannte Maitrieb wird für die Geleezubereitung verwendet.

Die jungen Triebe wirken mit ihren ätherischen Ölen, Harzen und Tanninen schleimlösend und leicht antiseptisch.

Ein weiterer Verwendungszweck der Nadeln ist die Herstellung von Fichtennadel-Franzbranntwein.

Flieder *(Syringa vulgaris)*

Der Gemeine Flieder stammt vom Balkan und ist bei uns als Zierstrauch in Gärten und Parks anzutreffen. Bekannt und beliebt sind auch die Fliedersträuße, die zu Christi Himmelfahrt/Vatertag die Ausflugsfahrzeuge schmücken.

Der Strauch wird 3 bis 4 m hoch und erscheint wegen der vielen Verzweigungen buschförmig. Die dichten Blütenrispen erscheinen meist im Mai – um Himmelfahrt herum – in Weiß, Rosa oder Blau. Nur die voll erblühten Einzelblüten werden gesammelt.

Um den richtigen Erntezeitpunkt zu bestimmen, ziehen Sie eine Einzelblüte aus der Rispe und lutschen diese aus. Wenn sie angenehm süß schmeckt, ist der richtige „Erntezeitpunkt" gekommen.

Die Blüten beinhalten ätherische Öle. Daraus wird auch ein Öl zur Einreibung bei Rheuma und Gelenkschmerzen hergestellt.

Rosa Fliederblütenrispe

Fliederblütengelee

Zutaten: 100 g Fliederblüten, 250 ml Apfelsaft, 250 g Gelierzucker 2:1

Die einzelnen Fliederblüten von der Dolde zupfen und mögliche Insekten entfernen. Die Fliederblüten danach in den Apfelsaft füllen und über Nacht ziehen lassen. Nach dem Abseihen den Sud mit dem Gelierzucker mischen und kurz aufkochen, dabei mehrmals umrühren und weitere 5 Min. köcheln lassen. Nach der Gelierprobe sofort in die Gläser füllen und kopfüber zum Abkühlen aufstellen.

Frauenmantel
(Alchemilla xanthochlora)

Frauenmantel, regional auch Marienmantel, Tränenschön oder Taubecher genannt, kommt bei uns relativ häufig vor. Diese Pflanze ist mehrjährig und besonders auf feuchten Wiesen und an Bachrändern zu finden. Frauenmantel wird bis zu 50 cm hoch und die Blätter sind fast kreisrund. Die kleinen Blüten erscheinen in grüngelber Rispe.

Runde Blätter des Frauenmantel

Frauenmantel wurde schon in früheren Jahrhunderten in der Volksmedizin verwendet. Die Alchimisten – deshalb auch Alchimilla – wollten einst sogar aus den Taubildungen, die sich auf den Blättern sammeln, Gold herstellen.

Die Blüten und auch einige der jüngsten Blätter werden in der Zeit von Mai bis August gesammelt.

Frauenmantel wirkt stopfend, da er viele Gerbstoffe besitzt und er

Bild links: *Blüten und junge Blätter des Frauenmantel*

wirkt blutstillend. Saponine, Glykoside, ätherisches Öl, Vitamin C und Harze sind weitere Wirkstoffe der Pflanze. Frauenmantel wird bei Durchfall und bei diversen Frauenkrankheiten verwendet und er wirkt entzündungshemmend.

Frauenmantelgelee
Zutaten: 100 g Frauenmantelblüten und -blätter, 750 ml Apfelsaft, 500 g Gelierzucker 2:1

Junge Blätter, Blüten und zarte Triebe gut ausschütteln und grob zerkleinern. Im Apfelsaft über Nacht ziehen lassen, danach abseihen, den Saft mit dem Gelierzucker mischen und kurz aufkochen. Nochmals umrühren und danach etwa 4 Min. köcheln lassen. Gelierprobe machen, heiß in Gläser füllen und sofort fest verschließen, kopfüber zum Abkühlen aufstellen.

„Tausendschön"

Gänseblümchen

(Bellis perennis)

Das Gänseblümchen, auch Maßliebchen oder Tausendschön genannt (weitere zahlreiche regionale Namen), blüht das ganze Jahr über, aber bis zu Johanni (24.06.) hat es die beste heilende Wirkung. Gänseblümchen haben einen herben, leicht nussartigen Geschmack. Sie werden auch gerne zur Speisendekoration und zum Garnieren verwendet.

Es ist bereits in der griechischen Mythologie verankert und gilt auch als Liebesorakel (er/sie liebt mich, er/sie liebt mich nicht...usw.).

Das Gänseblümchen ist ausdauernd und bildet eine Blattrosette aus, aus der dann die Blüten entspringen. Diese Köpfchenblüten mit ihren weißen Strahlenblättern sind weithin zu sehen. Nur bei Sonnenschein sind sie geöffnet (Sammelzeit); bei regnerischem Wetter senken die Pflanzen ihre Blüten um sie vor Nässe zu schützen.

Seit Jahrhunderten gehört das Gänseblümchen zur Volksmedizin und seine Inhaltsstoffe wie ätherische Öle, Vitamin C, Gerb- und Bitterstoffe wirken blutreinigend und regen den Stoffwechsel an. Es war früher eine beliebte Heilpflanze bei Gallen-, Leber- und Magenbeschwerden. Auch für Wundauflagen und bei Husten wurde es verwendet.

Wegen seiner entzündungshemmenden Eigenschaften wird es auch verstärkt in der Kosmetikbranche eingesetzt.

Gänseblümchenblütengelee

Zutaten: 150 g Blüten, 600 ml Apfelsaft, 1 Zitrone, 500 g Gelierzucker 2:1

Vom Gänseblümchen nur die Blütenköpfe ohne Stiel waschen und auf Küchenkrepp trocken tupfen. Die Blüten im Apfelsaft kurz aufkochen, abstellen und über Nacht ziehen lassen. Dann abseihen, den Sud mit dem Saft der Zitrone und Gelierzucker mischen, gut umrühren. Kurz aufkochen und weitere 4 Min. sprudelnd kochen lassen. Nach der Gelierprobe heiß in Gläser füllen, fest verschließen und kopfüber zum Abkühlen aufstellen.

Gänseblümchengelee

Zutaten: 750 ml Blüten mit Stiel, 1 000 ml Apfelsaft, 300 g Gelierzucker 3:1, 1 Zitrone

Saubere Blüten mit Stiel sammeln, auch ein paar zarte Blättchen dürfen dabei sein. Gänseblümchen mit dem Apfelsaft aufkochen und abkühlen lassen. Davon 750 ml abmessen, fein abgeriebene Zitronenschale, den Saft der Zitrone und den Gelierzucker dazugeben. Kurz aufkochen, umrühren und weiter 4 Min. köcheln lassen. Nach der Gelierprobe heiß in Gläser füllen, sofort fest verschließen und kopfüber zum Abkühlen aufstellen. Dieses Gelee schmeckt etwas herzhafter.

Sonnengelbe Ginsterblüten

Ginster (*Cytisus scoparius*)

Leuchtend gelb und schon aus weiter Ferne sichtbar, so blüht im Frühjahr der Besenginster.

Er enthält das Alkaloid Spartein, Bitterstoffe und ätherische Öle. Manchmal wird auch die deutsche Bezeichnung Besenginster verwendet, die an den einstigen Verwendungszweck der Triebe – der Besenherstellung – erinnert.

Die Pflanze wird bis 2 m hoch und ist immergrün. Fünfkantige Zweige tragen die gelben Blüten, die ca. 2 cm lang werden.
Nur die Einzelblüten – ohne Triebe und kleine Blättchen – werden für das Gelee gesammelt.

Nur voll erblühte, saubere Blüten werden geerntet.

Ginstergelee

Zutaten: 100 g Ginsterblüten, 700 ml Weißwein, 500 g Gelierzucker 2:1

Blüten von den Trieben zupfen und dabei auf Insekten achten, waschen und kurz ausdrücken, mit dem Weißwein mischen und über Nacht stehen lassen. Dann abseihen und mit dem Gelierzucker aufkochen, umrühren und weitere 4 Min. köcheln lassen. Nach der Gelierprobe heiß in die Gläser füllen, sofort fest verschließen und kopfüber zum Abkühlen aufstellen.

Heidekraut *(Calluna vulgaris)*

Mehrjährig und immergrün sind zwei Attribute dieser Pflanze, die nach ihrem hauptsächlichen Standort bezeichnet wurde. Die fliederfarbenen Blüten stehen in einseitswendigen Trauben an den jungen Triebspitzen. Sie erscheinen im Juli bis September und sind ein guter Honiglieferant.

Fliederfarbene Blüten des Heidekrautes

Die Inhaltsstoffe wirken zusammenziehend, entzündungshemmend und auch antiseptisch. Heidekraut ist reich an Gerbstoffen und enthält Tannine, Bitterstoffe, organische Säuren, Glykoside. Es wird bei Erkrankungen der Harnwege und bei verschiedenen Entzündungen angewendet. Der aromatische Geschmack des Heidekrauts wird auch gerne in unterschiedlichen Teemischungen genutzt.

Die Blüten werden mit den Blättchen abgestreift.

Heidekrautblütengelee

Zutaten: 30 g Heidekrautblüten, 750 ml Wasser, 500 g Gelierzucker 2:1

Die frischen Heidekrautblüten ohne Stängel – junge Triebe dürfen an den Blüten bleiben – mit kochendem Wasser übergießen und 24 Stunden stehen lassen. Dann abseihen und den Sud mit dem Gelierzucker aufkochen, mehrmals umrührend ca. 4 Min. köcheln lassen. Nach der Gelierprobe heiß in Gläser füllen, fest verschließen und kopfüber zum Abkühlen aufstellen.

Holunder *(Sambucus nigra)*

Meist finden wir dieses Gehölz als Strauch in der freien Landschaft, aber ebenso oft als Kulturfolger in unmittelbarer Nähe von Häusern und Stallungen.

Unter den Rastplätzen der Vögel wächst sehr oft auch Holunder. Die Samen bleiben als Verdauungsausscheidung dort und keimen dann wieder.

Ab April/Mai finden wir die weißen

Blüten vom Schwarzen Holunder

stark duftenden Blütenteller, die aus vielen Einzelblüten bestehen. Sie werden ohne Laubblätter und ohne Stiel gesammelt und luftig transportiert.

Bitte nicht in Sammelbehälter pressen.

Ätherische Öle, Caroten, Vitamin C und das Glykosid Sambunigrin sind u.a. in den Blüten zu finden. Sie wirken schweiß- und harntreibend und auch antirheumatisch. Zudem tragen der köstliche Duft und Geschmack des Holunders zum Wohlbefinden bei.

Holunderblütengelee

Zutaten: 100 g Holunderblüten, 700 ml Weißwein oder Apfelsaft (oder gemischt), 500 g Gelierzucker 2:1, 1 Zitrone

Holunderblüten auf Insektenbesatz (besonders Läuse an den jungen Trieben und Blütenstielen) durchsehen und die Stiele abschneiden. Die Blüten im Weißwein/Apfelsaft über Nacht stehen lassen und dann abseihen. Mit dem Gelierzucker und Zitronensaft kurz aufkochen, umrühren und weitere 4 Min. köcheln lassen. Nach der Gelierprobe heiß in Gläser füllen, sofort fest verschließen und kopfüber zum Abkühlen aufstellen.

Huflattich *(Tussilago farfara)*

Der Huflattich gehört mit zu den ersten Frühjahrsblühern, die gelben Blüten erscheinen deutlich vor den Laubblättern. Er ist ausdauernd und treibt aus seinem unterirdischen Wurzelstock aus. Die Blüten stehen aufrecht, verblühte Blüten sind deutlich nickend und werden nicht gesammelt.

Die Blätter haben einen leicht bitteren Geschmack, aber die Blüten duften zart nach Honig und schmecken auch süßer als die Blätter. Das intensive Aroma erinnert an kräftigen Blütenhonig.

Inhaltsstoffe wie u.a. Polysaccharide, Schleimstoffe, Tannine, Bitter- und Gerbstoffe wirken gut bei Husten und lösen auch zähen Schleim, sind antibakteriell und entzündungshemmend. 1994 war der Huflattich die Heilpflanze des Jahres. Im Heilpflanzen-Horoskop wird er der Lunge, den Bronchien und den Armen zugeordnet und wird als „Gold der Lunge" bezeichnet.

Leuchtend gelb blühender Huflattich

Huflattichblütengelee
Zutaten: 300 g Huflattichblüten, 700 ml Apfelsaft, 500 g Gelierzucker 2:1

Huflattichblüten durchsehen, mit dem Apfelsaft ansetzen und über Nacht stehen lassen. Nach dem Abseihen mit dem Gelierzucker mischen, kräftig verrühren und aufkochen, danach weitere 4 Min. köcheln lassen. Nach der Gelierprobe heiß in Gläser füllen und sofort verschließen, kopfüber zum Abkühlen aufstellen.

Kamille *(Matricaria spec.)*

Die einjährige Pflanze wird bis zu 80 cm hoch und der Stängel ist nach oben verzweigt. Kamille wächst auf Wiesen, Weiden, an Straßenrändern und bebautem Land. Im Mai bis Juli erscheinen die Blütenköpfchen aus goldgelben Röhrenblüten, umrahmt von weißen Zungenblüten. Sie duften aromatisch.

Im Heilpflanzen-Horoskop nennt man die Kamille auch Kraut der Mütter, sie wird dem Magen, der Brust und den Verdauungsorganen zugeordnet. Kamille hilft bei Schlaflosigkeit, Magenbeschwerden, auch bei Reizungen der Mund- und Rachenschleimhaut.

Sie wirkt beruhigend und schmerzlindernd und enthält u.a. ätherisches Öl (Chamazulen), Flavone und Schleimstoffe, Harze und Bitterstoffe.

Bild links: *Kamilenblüten für die Zubereitung*
Bild S.48-49: *Kamillenblütenwiese*

Blühende Kamille

Kamillenblütengelee
Zutaten: 100 g Kamillenblüten, 700 ml Apfelsaft, 500 g Gelierzucker 2:1

Geerntete Kamillenblüten durchsehen, zarte Triebteile können an den Blüten bleiben. Mit dem Apfelsaft ansetzen und über Nacht stehen lassen.
Dann abseihen und den Gelierzucker hineinrühren, kurz aufkochen und weitere 4. Min. köcheln lassen. Nach der Gelierprobe heiß in Gläser füllen, sofort fest verschließen und kopfüber zum Abkühlen aufstellen.

Zarte Triebspitzen der Kiefer

Kiefer *(Pinus sylvestris)*

Dieser weit verbreitete Baum wächst besonders auf trockenen Böden. Er ist immergrün und wird bis zu 30 m hoch. Die Nadeln stehen zu zweit und werden bis 7 cm lang. Die Blüten wachsen getrennt geschlechtlich.

Auch hier sind nicht die Blüten sondern die zarten Triebspitzen zu Beginn des Austriebes im April bis Juni das gefragte Material für die Geleezubereitung.

Die jungen Austriebe, im April/Mai gesammelt, enthalten ätherische Öle, Bitter- und Gerbstoffe sowie Harz. Dieses harzige Aroma wird nicht nur bei Gelees geschätzt, sondern auch für Süßspeisen oder als Gewürz. In der Humanmedizin werden die Inhalte als harntreibendes Mittel eingesetzt.

Balsamisch und antiseptisch sind weitere Merkmale der jungen Kiefernspitzen.

Kiefernspitzengelee

Zutaten: 250 g Kiefernspitzen, 700 ml Wasser, 500 g Gelierzucker 2:1

Kiefernspitzen verlesen und im Wasser ca. 10 Min. weich köcheln, über Nacht stehen lassen. Dann abseihen, mit dem Gelierzucker aufkochen, umrühren und weitere 4 Min. köcheln lassen. Gelierprobe machen, heiß in Gläser füllen und sofort fest verschließen, kopfüber zum Abkühlen aufstellen.

Kirsche *(Prunus avium)*

Für die Herstellung von Gelee eignen sich die Blüten der Vogelkirsche ebenso wie die der Süßkirsche.

Süßkirschen können 15 m hoch werden und sind sommergrün. Die weißen Blüten erscheinen im April/Mai und sitzen in kleinen Büscheln am Ast. Geerntet wird von den eigenen Bäumen oder nach Anfrage bei den jeweiligen Obstbaumbesitzern. Schließlich ist es ihr Ernteverlust, den wir verursachen.

Die Stiele der reifen Süßkirsche wurden früher als harntreibendes Mittel verarbeitet.

Vogelkirschen wachsen an Waldrändern oder auch gern an und in Gebüschen. Die Kerne der Früchte enthalten, wie andere Steinfrüchte auch, Blausäure.

Blütenbüschel der Vogelkirsche

Kirschblütengelee

Zutaten: 50 g Kirschblüten, 350 ml Apfelsaft, 250 g Gelierzucker 2:1

Blüten durchsehen und im Apfelsaft über Nacht stehen lassen. Abseihen, den Saft mit dem Gelierzucker mischen, aufkochen und dann weitere 4 Min. köcheln lassen. Nach der Gelierprobe heiß in Gläser füllen, sofort fest verschließen, kopfüber zum Abkühlen aufstellen.

Die ersten weißen Blüten der Knoblauchsrauke

Knoblauchsrauke
(Alliaria petiolata)

An Waldsäumen oder an lichten Wegen wächst die Knoblauchsrauke, regional auch Knoblauchhederich genannt.
Die Pflanze wird bis 120 cm hoch und hat eine Pfahlwurzel. Bekannt ist sie ebenfalls durch ihr Knoblauch-Senf-Aroma, das auch für Salate, als Gewürz und Gemüse genutzt wird.

Wenn die weißen Kreuzblüten schön aufgeblüht sind und mindestens 2 bis 3 Tage trockenes Wetter war, werden die Blüten und auch die ganz zarten jüngsten Blätter gesammelt und unmittelbar verarbeitet.

Die Knoblauchsrauke wirkt auswurffördernd und antiseptisch. Sie ist gut bei Erkrankungen der Atemwege. Carotinoide, Saponine und ätherische Öle sind u.a. die Inhaltsstoffe dieser Pflanze.

Bild rechts: *Fertige Gelees werden zum Abkühlen kopfüber aufgestellt und gekennzeichnet.*

Knoblauchsraukengelee
Zutaten: 50 g blühende Triebspitzen der Knoblauchsrauke, 300 ml Apfelsaft, 250 g Gelierzucker 2:1

Frisch gesammelte Triebspitzen mit Blüten und Blättchen im Apfelsaft ansetzen und über Nacht ziehen lassen. Danach abseihen und mit dem Gelierzucker aufkochen, mehrmals umrühren und weitere 5 Min. köcheln lassen. Nach der Gelierprobe sofort in Gläser füllen, verschließen und kopfüber zum Abkühlen aufstellen.

Königskerze
(Verbascum phlomoides)

Diese zweijährige Pflanze, auch Wollblume, Marien- oder Wetterkerze genannt, bildet im ersten Jahr eine große Blattrosette aus. Die Blätter sind dicht mit weißlich-grauen Wollhaaren besetzt. Nicht bewirtschaftete Flächen und auch Wegränder sind beliebte Standorte dieser Pflanzen. Im zweiten Jahr entwickelt sich ein bis zu 2 m hoher Blütenstängel mit zahlreichen nachfolgend aufblühenden gelben Blüten. Sie blüht fast den ganzen Sommer über und zählt zu den guten Honiglieferanten.

Es werden nur Einzelblüten geerntet

Die in der Heilkunde verwendeten Blüten enthalten Schleimstoffe, Saponine, Caroten, ätherische Öle und Flavonoide. Die Inhaltsstoffe der Königskerze werden besonders bei Husten, Erkältungen und Erkrankungen der Atemwege und auch bei Entzündungen eingesetzt.

Die Blüten werden bei trockenem Wetter aus dem Kelch herausgezogen und behalten dadurch auch das Honigaroma. Gute Ware behält auch im getrockneten Zustand ihre gelbe Farbe.

Bild rechts: *Die Königskerze erreicht eine Wuchshöhe bis zu 2 m.*

Königskerzengelee

Zutaten: 100 g Königskerzenblüten, 700 ml Apfelsaft, 500 g Gelierzucker 2:1

Die Einzelblüten von Insekten, insbesondere Glanzkäfern, säubern. Danach mit dem Apfelsaft übergießen und abgedeckt über Nacht stehen lassen. Dann abseihen, mit dem Gelierzucker mischen und kurz aufkochen, weitere 4 Min. köcheln lassen. Nach der Gelierprobe heiß in Gläser füllen, sofort fest verschließen und kopfüber zum Abkühlen aufstellen.

Kornblumenblüten

Kornblume
(Centaurea cyanus)

Die blauen Blüten regen an Feldrainen zum Mitnehmen an. Sie sollten jedoch nicht an Straßenrändern oder gar im Getreidefeld gesammelt werden.

Kornblumen sind einjährig und werden bis 80 cm hoch. Die grünlichen Blätter sind stark behaart und sehen deshalb oft viel heller aus. Am Ende der Stängel wachsen die Blütenköpfchen, die für unser Gelee genutzt werden. Die wild wachsende Kornblume blüht im berühmten „Kornblumenblau".

Wenn die Blüten richtig geöffnet sind, d.h. in der Blütezeit von Juni bis September, werden sie gesammelt. Sie werden ohne Hüllkelch verarbeitet. Kornblumen enthalten Gerbstoffe, Wachs und Salze sowie den blauen Farbstoff Cyanin.

Sie gelten als zusammenziehend und hustenlindernd.

Kornblumengelee
Zutaten: 50 g Kornblumenblüten, 300 ml Apfelsaft, 250 g Gelierzucker 2:1

Frisch gesammelte Blüten auf Insekten durchsehen, mit dem Apfelsaft übergießen und über Nacht stehen lassen. Am nächsten Tag abseihen, den Gelierzucker dazugeben, kurz aufkochen lassen. Nach dem Umrühren weitere 4 Min. köcheln lassen, danach Gelierprobe machen, heiß in Gläser füllen, sofort fest verschließen und kopfüber zum Abkühlen aufstellen.

Lärchenspitzen

Lärche *(Larix decidua)*

Dieser Baum kann bis 40 m hoch werden und wirft im Winter seine Nadeln ab. Im Frühjahr treibt er wieder aus und diese jungen Nadelbüschel werden gesammelt (bitte immer den Förster/Eigentümer fragen). Die hellgrünen Nadeln besitzen oberseits eine feine Längsrille.

Sie beinhalten ätherische Öle, die zur Behandlung von Atemwegserkrankungen genutzt werden.

Für medizinische Zwecke wird auch das Harz der Lärche gesammelt.

Lärchenspitzengelee
Zutaten: 80 g Lärchenspitzen, 300 ml Apfelsaft, 250 g Gelierzucker 2:1

Die jungen Nadelbüschel werden von den Zweigen gezupft. Rindenreste und anhaftende Insekten entfernen, das Sammelgut mit dem Apfelsaft übergießen und über Nacht durchziehen lassen. Abseihen und mit dem Gelierzucker kurz aufkochen, umrühren und weitere 4 Min. köcheln lassen. Nach der Gelierprobe sofort heiß in Gläser füllen, fest verschließen und zum Abkühlen kopfüber abstellen.

Lavendel
(Lavandula augustifolia)

Wild wachsend und auch großflächig angebaut ist er im Mittelmeerraum zuhause. Aber auch in unseren Gärten kommt er als Kulturpflanze gut zur Entfaltung. Der Halbstrauch wird bis zu 80 cm hoch. Seine aufrechten Stängel haben filzig grau-grüne Blättchen und meist blauviolette Blüten. Es gibt auch weiß blühende Kultursorten. Im Garten möchte er eine sonnige Lage. Leichte und kalkhaltige Böden sind optimal.

Wenn sich die Blüten fast voll entfaltet haben, wird der ganze Stängel

Blau-violette Blüten des Lavendel

mit dem Blütenstand geerntet. Für die Geleezubereitung werden nur die Blütenköpfe verwendet. Die getrockneten Stängel mit Blättchen können als Duftspender genutzt oder als Tee verwertet werden. Die Blüten enthalten viele ätherische Öle, die zur Entspannung beitragen und Verdauungsbeschwerden lindern und weitere Wirkstoffe wie Gerbstoffe, Flavonoide und Cumarin. Lavendelduft wirkt entspannend und beruhigend bei Erkältungen und Kopfschmerzen.

Besonders in der mediterranen Küche wird frischer Lavendel in vielfältiger Weise verwendet.

Lavendelblütengelee
Zutaten: 50 g Lavendelblüten, 300 ml Apfelsaft, 250 g Gelierzucker 2:1, 1 Zitrone

Die Lavendelblüten mit dem Apfelsaft übergießen und über Nacht stehen lassen. Nach dem Abseihen mit dem Saft der Zitrone und dem Gelierzucker mischen, aufkochen lassen, gut umrühren und weitere 4 Min. köcheln lassen. Nach der Gelierprobe heiß in Gläser füllen, sofort fest verschließen und kopfüber zum Abkühlen aufstellen.

Linde *(Tilia spec.)*

Schön ausgebildete Lindenblüte

Gesammelt werden die Blüten der Sommerlinde (Tilia. platyphyllos) und der Winterlinde (Tilia cordata). Die Winterlinde hat an der Blattunterseite, am Beginn des Blattstieles, eine rostbraune Behaarung, während die Sommerlinde an dieser Stelle hellgelbe Blatthärchen besitzt.

Linden findet man in Alleen gepflanzt und auch als schöne solitäre Bäume in der freien Landschaft und in Parkanlagen. Sie sind aufgrund ihres besonderen Wuchses und hohen Alters meistens unter Schutz gestellt. Lindenbäume kommen auch häufig in Sagen oder Märchen vor.

Die sommergrünen Bäume werden bis 25 m hoch. Die Winterlinde blüht im Juni/Juli, die Sommerlinde nur im Juli. Gesammelt werden nur die Einzelblüten.

Lindenblüten enthalten schweißtreibende Glykoside, Gerbstoffe und ätherisches Öl. Sie duften ganz aromatisch. Tee aus Lindenblüten ist ein bewährtes altes Hausmittel bei Erkältungskrankheiten.

Lindenblütengelee

Zutaten: 100 g Lindenblüten, 500 g Gelierzucker 2:1, 750 ml Apfelsaft

Die frisch gesammelten Lindenblüten gut ausschütteln, mit dem Apfelsaft übergießen und 24 Stunden stehen lassen. Durch ein Tuch/Sieb abgießen, mit dem Gelierzucker vermischen und kurz aufkochen lassen. Mehrmals umrühren und weitere 3 Min. köcheln lassen, Gelierprobe machen und heiß in die Gläser füllen. Sofort verschließen und zum Abkühlen kopfüber abstellen. Zur Verfeinerung des Geschmacks kann auch anteilig Weißwein verwendet werden.

Löwenzahn
(Taraxacum sect. Ruderale)

Auch Gemeiner Löwenzahn, wahrscheinlich wegen seiner gezähnten Blätter, genannt. Im deutschsprachigen Raum hat er über 500 verschiedene Bezeichnungen wie z.B. Butter- oder Kettenblume, Milchbusch oder auch Bimbaum. Löwenzahn ist ausdauernd und kann im Rasen zum lästigen Unkraut werden. Die verkehrt-eiförmigen bis schmal-lanzettlichen, meist tief eingeschnittenen, sägeförmigen gelappten Blätter stehen in einer grundständigen Rosette. Die Blüten haben eine satt- bis blassgelbe Krone und erscheinen ab Mai – und so lange es mild ist – das ganze Jahr über.

Voll erblühte Pflanze zum „Erntezeitpunkt"

Der Löwenzahn war der Liebesgöttin Freya geweiht und auch im Volksaberglauben hatte er seinen festen Platz. Im Heilpflanzen-Horoskop wird er Sonnenwirbel genannt und den Organen Kopf und Augen zugeordnet. Der Löwenzahn unterstützt die Funktion der Leber, lässt die Gallensäfte besser fließen und regt die Verdauung an.

Die weithin gelb leuchtenden Blüten des Löwenzahns sind allgemein bekannt. Die frisch geöffneten Blüten werden ohne Stiele gesammelt. Vor der Verarbeitung werden die grünen Hüllblätter, die die Blütenblätter zusammenhalten, abgezupft.

Werden diese grünen Hüllblätter mitverarbeitet, schmeckt das Gelee etwas herber. Bei Leber- und Gallenbeschwerden wurde Löwenzahn früher eingesetzt, aber nicht bei Gallensteinen. Die Bitterstoffe vom Löwenzahn regen den Appetit an und unterstützen die Verdauung. Inulin, Vitamin A, B, C und D, Saponine und verschiedene Mineralstoffe sind weitere Inhaltsstoffe.

Tipp: Die jungen Blätter, vor der Blüte gesammelt, ergeben leicht mariniert eine schmackhafte Beigabe zu Kurzgebratenem. Die Blütenknospen in Essig eingelegt sind ein herzhafter „Ersatz" für Kapern.

Fertiges Löwenzahnblütengelee

Löwenzahnblütengelee I – milde Variante

Zutaten: 300 g Löwenzahnblüten (ohne Hüllblätter), 700 ml Apfelsaft, 1 Zitrone, 500 g Gelierzucker 2:1

Blüten durchsehen, gut ausschütteln, die Hüllblätter abzupfen und im Apfelsaft über Nacht stehen lassen. Danach abseihen, mit dem Gelierzucker und dem Zitronensaft mischen. Kräftig aufkochen, umrühren und weitere 4 Min. sprudelnd kochen lassen. Nach der Gellerprobe heiß in Gläser füllen, fest verschließen und kopfüber zum Abkühlen aufstellen.

Löwenzahnblütengelee II – herzhaftere Variante

Zutaten: 500 g Löwenzahnblüten (mit Hüllblättern), 1 500 ml Wasser, 1 Zitrone, 1 000 g Gelierzucker 2:1

Blüten durchsehen und gut ausschütteln, im Wasser ca. 8 Min. kochen und dann 2 Stunden ruhen lassen. Danach abseihen, Zitronensaft und den Gelierzucker gut einrühren. Kräftig aufkochen und weitere 5 Min. sprudelnd kochen lassen. Gelierprobe machen, dann heiß in Gläser füllen, fest verschließen und kopfüber zum Abkühlen aufstellen.

→ Dieses Blütengelee schmeckt würziger und kräftiger als die Variante ohne Hüllblätter, aber nicht bitter.

Mädesüß *(Filipendula ulmaria)*

Mädesüß – das ist kein süßes Mädchen, sondern früher ein gern verwendeter Zusatz in Getränken; im Dänischen sogar „Metkraut" genannt.

Diese mehrjährige Pflanze, die vorwiegend an feuchten Stellen, an Gräben oder auf feuchten Wiesen wächst, hat angenehm duftende Blüten. Die weißlichen vielblütigen Blütenstände sind von Juni bis Juli, manchmal auch noch im Herbst, an den bis 150 cm hoch wachsenden Pflanzen schon weithin sichtbar. Sie riechen nach Bittermandeln. Die Stängel und auch Blätter sind sommergrün, der kriechende Wurzelstock überwintert.

Gesammelt werden die Blüten ohne Stängel. Sie enthalten ätherische Öle, Salicylsäure, auch Vitamin C. Mädesüß hat eine harntreibende und reinigende Wirkung die bei vielen Erkrankungen erfolgreich genutzt wird. Auch der aromatische Kräutertee wirkt harntreibend und reinigend. Die aus den Blüten gewonnene Acetylsalicylsäure (1899 erstmals von Bayer daraus gewonnen) ist die Grundlage für Aspirin.

Das Gelee schmeckt fruchtig nach Bittermandel und Mirabelle.
Die blühenden Pflanzenteile sind als bewährte Heilmittel zur Regulierung des Wasserhaushaltes (Harnausscheidungen etc.) bekannt.

Bild rechts: *Filigrane weiße Blüten des Mädesüß*

Mädesüßblütengelee

Zutaten: 50 g Mädesüßblüten, 300 ml Apfelsaft, 250 g Gelierzucker 2:1

Blütenstände von den Stielen trennen und auf Insektenbesatz durchsehen, notfalls leicht ausschütteln, mit dem Apfelsaft übergießen und über Nacht stehen lassen, abseihen und mit dem Gelierzucker aufkochen und nochmals 4 Min. köcheln lassen, Gelierprobe machen und sofort heiß in Gläser füllen, fest verschließen und kopfüber zum Abkühlen aufstellen.

Mahonienblüten mit rotbräunlich gefärbten und gezähnten Blättern

Mahonie *(Mahonia aquifolium)*

Wild wächst die Mahonie bei uns nicht, höchstens verwildert. Sie ist ein schöner Zierstrauch in Gärten und Parks, auf Friedhöfen und Grünanlagen.

Die Pflanzen sind immergrün, nur der Frost färbt manchmal ihre Blätter dunkler bis abgestorben braun. Ihre leuchtend gelben Blüten erscheinen schon recht zeitig ab April/Mai.

Die Blätter sind derb und am Rande gezähnt – und sie stechen!

Bild links: *Blütenstand der Mahonie*

Für Gelee werden nur die gelben Blüten gezupft.

Mahonienblütengelee

Zutaten: 200 g Mahonienblüten, 700 ml Wasser, 500 g Gelierzucker 2:1, 1 EL Zitronensaft

Mahonienblüten sehr sauber verlesen und im Wasser ca. 24 Stunden ziehen lassen. Danach durch ein Tuch/Sieb gießen und die Flüssigkeit mit dem Gelierzucker kurz aufkochen. Dann den Zitronensaft zugeben und nochmals ca. 4 Min. köcheln lassen. Nach der Gelierprobe heiß in Gläser füllen, sofort fest verschließen und kopfüber zum Abkühlen aufstellen.

Mais *(Zea mays)*

Mais wird bis zu 2,5 m hoch, ist einjährig und wird hauptsächlich als Futterpflanze oder zur Energiegewinnung angebaut. Die Blütenanlagen erscheinen je nach Saattermin ab Juni bis zum Spätherbst.

Für Gelee werden nur die weiblichen Blüten verwendet: das sind die aus dem Fruchtansatz herauswellenden „Haare" – die langfädigen Narben. (Bitte vor dem Sammeln immer den Anbauer um Erlaubnis bitten).

Diese Blüten enthalten Fettsäuren, Betain und auch Allantoin.

Sie wirken schweißtreibend, harntreibend, auch entzündungshemmend und blutdrucksenkend.

Bild links: *Selbstgemachtes Maisblütengelee – eine originelle Geschenkidee*

Bilder S. 67: *Weibliche Blüten des Mais*

Maisblütengelee

Zutaten: 50 g weibliche Maisblüten, 350 ml Apfelsaft, 250 g Gelierzucker 2:1

Die ausgezupften weiblichen Maisblüten über Nacht im Apfelsaft stehen lassen. Danach abseihen, den Saft mit dem Gelierzucker kurz aufkochen und ca. 4 Min. köcheln lassen. Gelierprobe machen, dann sofort heiß in Gläser füllen, fest verschließen und zum Abkühlen kopfüber aufstellen.

Malve

Violette Blüten der Malve

Malve *(Malva alcea und Malva neglecta)*

Die Wilde Malve, Käsepappel oder auch Waldmalve genannt, kann bis zu 1 m hoch werden. Die Wegmalve (Malva neglecta) wird nur bis 50 cm hoch. Die Blätter sind fünflappig, die Blüten hellrot bis karminrot.

Seit rund 2 500 Jahren ist die Malve als Heilmittel bekannt. Die Blätter und die Blüten beinhalten Schleim- und Gerbstoffe, Vitamin C, Provitamin A, Kalium. Sie wirken schleimlösend und entzündungshemmend. Die Malve ist gut einsetzbar bei Husten, Erkältung und Beschwerden im Magen- und Darmbereich.

Die Blüten werden nach dem völligen Erblühen an einem trockenen Tag gesammelt. Auch die ersten Blättchen dürfen am Blütenstand verbleiben.

Malvenblütengelee

Zutaten: 100 g Malvenblüten, 350 ml Apfelsaft, 250 g Gelierzucker 2:1

Die Blüten von den Stielen trennen und auf Insekten durchsehen, anschließend mit dem Apfelsaft übergießen und über Nacht stehen lassen. Die Mischung abseihen, mit dem Gelierzucker aufkochen und weitere 4 Min. köcheln lassen. Gelierprobe machen und dann sofort heiß in Gläser füllen, fest verschließen und zum Abkühlen kopfüber aufstellen.

Mandelblüten in voller Pracht

Mandel, Bittere oder Zwergmandel *(Prunus tenella)*

In manchen Gärten wächst die Bittere Mandel, deren Mandelkerne sogar als Bittermandeln verwendet werden können. Achtung: sie enthalten Amygdalin, Eiweiß und Öle. Diese Mandeln dürfen, wie die richtigen Bittermandeln, nicht in größeren Mengen verzehrt werden.

Im Garten wachsen sie hier nur als niedriger Strauch, der sich über Wurzelausläufer ausbreitet.

Im zeitigen Frühjahr erscheinen die hell-karminroten Blüten, die wir für das Gelee sammeln.

Mandelblütengelee
Zutaten: 50 g Mandelblüten, 350 ml Apfelsaft, 250 g Gelierzucker 2:1

Mandelblüten sauber verlesen und im Apfelsaft über Nacht stehen lassen. Dann abseihen, mit dem Gelierzucker kurz aufkochen und weitere 4 Min. köcheln lassen. Nach der Gelierprobe sofort heiß in Gläser füllen, fest verschließen und zum Abkühlen kopfüber aufstellen.

*Für die Ernte geeignete Blüten. Die Knospen blei-
ben für die Früchte im Herbst.*

Mirabellen
(Prunus domestica ssp. syriaca)

Spillinge
(Prunus domestica ssp. Insititia)

Die zu den Prunusarten – wie Pflau-
men oder Kirschen – gehörenden
Mirabellen und Spillinge blühen
mit ihren weißen, leicht duftenden
Blüten im zeitigen Frühjahr. Die
Bäume oder auch Sträucher wachsen
an Gräben, Windschutzhecken oder
Knicks.

Bei trockenem Wetter werden die
voll erblühten Einzelblüten ohne
Stängel gesammelt.

Mirabellen- oder Spillingblütengelee

Zutaten: 350 ml Blüten, 300 ml Weißwein,
300 ml Apfelsaft, 500 g Gelierzucker 2:1

Blütenblätter von den Stängeln zupfen, mit
Weißwein und Apfelsaft kurz aufkochen
und über Nacht stehen lassen. Dann abseihen und mit dem Gelierzucker aufkochen,
4 Min. köcheln lassen. Nach der Gelierprobe
heiß in Gläser füllen, fest verschließen und
kopfüber zum Abkühlen aufstellen.

Mohn *(Papaver rhoeas)*

Leuchtendes Rot an Feldrändern entzückt die Augen, meistens noch mit dem Blau der Kornblume vermischt. Hier scheint die Welt noch in Ordnung zu sein.

Die roten Blüten des Klatschmohns werden aber nicht an vielbefahrenen Straßen gesammelt und auch die Felder werden nicht betreten.

Klatschmohn ist einjährig und wächst vielstängelig. Die Pflanzen können bis 1 m hoch werden. Die Blüten mit vier roten Blütenblättern, die einzeln auf langen Stielen stehen, werden mit dem Blütenkopf ohne Blätter/Stängel im Mai und Juni gesammelt.

Einzelblüte vom Klatschmohn

Achtung

Keine Samenkapseln sammeln!
Die Blütenblätter enthalten das ungiftige Alkaloid Rhoeadin, Farbstoffe, Gerbstoffe und Schleim. Sie werden als leichtes Beruhigungsmittel und „Färbemittel" in Tee eingesetzt. Sie geben Teemischungen und auch unserem Gelee eine rote Färbung.

Klatschmohnblütengelee

Zutaten: 50 g Klatschmohnblüten, 300 ml Weißwein oder Apfelsaft, 250 g Gelierzucker 2:1

Blütenstände, die noch keine Kapsel ausgebildet haben, von den Stielen entfernen und auf Insekten durchsehen. Blütenblätter abzupfen, mit dem Apfelsaft/Wein übergießen und über Nacht stehen lassen. Abseihen und mit dem Gelierzucker aufkochen, dann weitere 4 Min. köcheln lassen. Nach der Gelierprobe sofort heiß in Gläser füllen, fest verschließen und kopfüber zum Abkühlen aufstellen.

Nachtkerze
(Oenothera biennis)

An Wegrändern, Böschungen und auch auf Schuttplätzen wächst die Gemeine Nachtkerze. Sie ist zweijährig. Im ersten Jahr erscheint nur eine Blattrosette und im zweiten Jahr kommt die Pflanze zum Blühen und Fruchten. Nachtkerzen werden bis 150 cm hoch. Von Juni bis zum Spätherbst erscheinen die gelben ungefüllten Blüten, die aus vier gelben Kronblättern bestehen. Die Blüten werden nur einzeln gesammelt, ohne Stängel oder Blätter.

Gelbe Blüten der Nachtkerze

Nachtkerzenblütengelee

Zutaten: 200 g Nachtkerzenblüten, 700 ml Apfelsaft, 500 g Gelierzucker 2:1

Blüten von den Stielen zupfen, auf Insekten durchsehen (insbesondere Glanzkäfer), mit dem Apfelsaft übergießen und über Nacht stehen lassen. Dann abseihen, mit dem Gelierzucker aufkochen und weitere 4 Min. köcheln lassen. Nach der Gelierprobe sofort heiß in Gläser füllen, fest verschließen und zum Abkühlen kopfüber aufstellen.

Die Heimat dieser Pflanze liegt in Nordamerika.

Die Nachtkerze enthält Tannine, Pflanzenschleim und Harze, welche schleim- und krampflösend sowie hustenlindernd wirken. Die Pflanze wird bei Erkrankungen im Darmbereich, bei Verdauungsstörungen und im Bronchialbereich angewendet.

Pfefferminze
(Mentha piperita)

Die Pfefferminze ist eine Kreuzung mehrerer Arten und hat einen scharfen Geschmack, deshalb der Name Pfefferminze.

Ihr Standort sollte warm und sonnig sein, dann bildet sie ihre Inhaltsstoffe besonders aus. Bei guten Bedingungen wuchert sie mit ihren unterirdischen Ausläufern in alle Richtungen. Der vierkantige Stängel hat gegenständige kreuzweise Blättchen, die beim Zerreiben ihren Minzgeruch (Menthol) freigeben. Wenn sich die ersten Blüten zeigen, wird geerntet.

Pfefferminze und die anderen Minzarten beinhalten ätherische Öle, besonders Menthol, Flavonoide, Gerb- und Bitterstoffe.
Die Pflanze lindert Übelkeit und Brechreiz und hilft bei Verdauungsstörungen. Pfefferminze wirkt entspannend bei Kopfschmerzen und beruhigt Magen, Darm und Galle.

Blätter der Pfefferminze

Pfefferminzgelee
Zutaten: 15 junge Pfefferminzstängel, 350 ml Wasser, 250 g Gelierzucker 2:1, 1/2 Limette

Pfefferminzstängel waschen und gut ausschwenken, grob zerkleinern. Wasser abkochen und über die Pfefferminze gießen, über Nacht ziehen lassen und danach abseihen. Limette waschen und auspressen. Pfefferminzwasser und Gelierzucker aufkochen und weitere 4 Min. köcheln lassen. Limettensaft zugeben und gut verrühren. Nach der Gelierprobe heiß in Gläser füllen, sofort fest verschließen und kopfüber zum Abkühlen aufstellen.

→ Das Gelee kann auch zu Lammgerichten verwendet werden.

Pralinenbaum

Blüten am Pralinenbaum

Pralinenbaum
(Amelanchier lamarckii)

Die Kupfer-Felsenbirne wird auch Pralinenbaum genannt. Das klingt doch viel schöner. In Norddeutschland findet sich ebenfalls die Bezeichnung Korinthenbaum für die sommergrünen Sträucher.

Pralinenbaumgelee
Zutaten: 50 g Blüten vom Pralinenbaum, 300 ml Apfelsaft, 250 g Gelierzucker 2:1

Die Blüten von den Stängeln zupfen, mit dem Apfelsaft übergießen und über Nacht stehen lassen. Dann abseihen, mit dem Gelierzucker aufkochen und weitere 4 Min. köcheln lassen. Nach der Gelierprobe sofort heiß in Gläser füllen, fest verschließen und kopfüber zum Abkühlen aufstellen.

Die Pflanzen werden 2 bis 3 m hoch und besitzen im Frühjahr und auch im Herbst ein schönes kupferfarbenes Laub. Sie werden gern in Gärten, Parks und auch in Windschutzpflanzungen angesiedelt. Sonnige und trockene Standorte werden bevorzugt.

Im zeitigen Frühjahr, meist im Mai, erscheinen weiße, in kleinen Trauben hängende Blüten. Sie werden gepflückt und zu köstlichem Gelee verarbeitet.

Bild unten: *Fertiges Gelee aus Blüten der Felsenbirne*

Blüten der Quitte

Quitten und Scheinquitten *(Chaenomeles spec.)*

Die Blüten der Obstquitte (Apfel- oder Birnenquitte) und auch der Scheinquitte eignen sich zur Herstellung von Blütengelee.

Die Inhaltsstoffe wie Pektine und Schleimstoffe wirken wohltuend auf die Schleimhäute. Besonders der liebliche Duft und das köstliche Aroma werden von Kennern sehr geschätzt. Die Kulturquitten haben große, blass rosafarbene Blüten. Die Blüten der Scheinquitte variieren von reinweiß oder rosa bis zu dunklem Rot. Sie erscheinen im April/Mai.

Während Kulturquitten meist als hochstämmige Obstbäume wachsen, ist die Scheinquitte ein dorniger Strauch, der bis zu 2 m hoch werden kann.

Quittenblütengelee

Zutaten: 150 g Quittenblüten, 700 ml Apfelsaft, 500 g Gelierzucker 2:1

Die Quittenblüten von Stängelteilen und Blattresten befreien, auf Insektenbesatz durchsehen. Dann mit dem Apfelsaft übergießen, über Nacht stehen lassen, abseihen. Mit dem Gelierzucker mischen, kurz aufkochen und weitere 4 Min. köcheln lassen. Nach der Gelierprobe sofort heiß in Gläser füllen, fest verschließen und kopfüber zum Abkühlen aufstellen.

Blütenstand Raps

Raps *(Brassica napus.)*

Diese Pflanze wird wegen ihrer ölhaltigen Samen zur Ölgewinnung und derzeit auch als Zusatz für Kraftstoffe angebaut. Sie ist einjährig. Ende April bis Mai erscheinen die weithin gelb leuchtenden und auch intensiv duftenden Blüten. Sie werden sehr gern von Bienen (Rapshonig) und anderen Insekten angeflogen. Dieser aromatische typische Duft erhält sich auch im Gelee.

Für unser Gelee sammeln wir nur die kleinen gelben Einzelblüten, keine Blätter oder Stängel. Vor dem Sammeln sollte immer der Anbauer um Erlaubnis gefragt werden.

Rapsblütengelee
Zutaten: 200 g Rapsblüten, 350 ml Apfelsaft, 250 g Gelierzucker 2:1

Die einzelnen Rapsblüten von den Stängeln zupfen und mit dem Apfelsaft übergießen, über Nacht ziehen lassen. Dann abseihen, mit dem Gelierzucker kurz aufkochen und dann weitere 4 Min. köcheln lassen. Nach der Gelierprobe sofort heiß in Gläser füllen und fest verschließen, zum Abkühlen kopfüber aufstellen.

Bild rechts: *Fertiges Rapsblütengelee*
Bild unten: *Blühender Rapsbestand in Mecklenburg*

2011
Rapsblüte

Ringelblume

Blühende Ringelblumen

Ringelblume
(Calendula officinalis)

Ringelblumen sind alte Kulturpflanzen und bei uns etwa seit dem 12. Jahrhundert bekannt. Sie wurden einst aus südlichen Ländern mitgebracht.

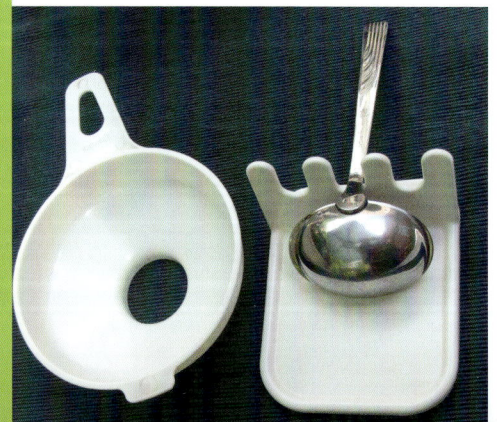

Diese meist einjährige Pflanze kann auf sehr geschützten Gartenbeeten als Jungpflanze überwintern. Sie sät sich auch gern selbst aus. Die gelben bis orangeroten Blüten erscheinen ab Juni und blühen bis zum Herbst fast unermüdlich. Die Blüten haben einen Durchmesser von 2 bis 5 cm und die Pflanzen können je nach Sorte bis zu 50 cm hoch werden. Nur die voll erblühten Blütenköpfe werden bei trockenem Wetter gepflückt.

Sie werden auch gern zur Dekoration von Speisen verwendet.

Ringelblumen werden, das sagt ihr botanischer Name aus, in der Heilkunde vielseitig eingesetzt.

Die Blüten enthalten u.a. ätherisches Öl, Harze, Pflanzenschleime und auch Caroten, den Bitterstoff Calenden und organische Säuren.

Bild unten: *Hilfreiche Utensilien für die Geleezubereitung: Einfülltrichter und Kelle*
Bild rechts: *Verschiedenfarbige Blüten der Ringelblume*

Innerlich hilft sie bei Gallenschmerzen, verflüssigt die Sekretion und hat eine regulierende Wirkung beim Menstruationszyklus. Sie besitzt krampflösende, schmerzstillende und entzündungshemmende Eigenschaften.

Im Heilpflanzen-Horoskop wird sie auch als Safranrose bezeichnet und den Organen Nacken und Hals zugeordnet.

Ringelblumengelee

Zutaten: 1 000 ml Blütenköpfe der Ringelblume, 700 ml Apfelsaft, 500 g Gelierzucker 2:1, 1 Zitrone

Blüten kontrollieren (besonders in den gelben Blütenköpfen können Insekten vorkommen), dann im Apfelsaft über Nacht stehen lassen. Abseihen, mit dem Gelierzucker und dem Zitronensaft kurz aufkochen und weitere 4 Min. köcheln lassen. Nach der Gelierprobe heiß in Gläser füllen, sofort fest verschließen und kopfüber zum Abkühlen aufstellen.

Heckenrose – ideal für Blütengelee

Rosenblütengelee

Zutaten: 15 komplette Rosenblüten, 500 ml Apfelsaft, 500 g Gelierzucker 2:1, 250 ml Rotwein, 1 Zitrone, 2 kleine Stückchen Ingwer

Blätter von den Rosenblüten zupfen und nur bei Bedarf kurz abspülen, ausschwenken oder trocken tupfen. Im Topf mit Apfelsaft, Rotwein, Zitrone in Scheiben und Ingwer mischen. Das Ganze über Nacht abgedeckt ziehen lassen. Dann alles erhitzen, abkühlen lassen und abseihen. Diesen Sud mit dem Gelierzucker verrühren und kurz aufkochen, danach weitere 4 Min. köcheln lassen. Nach der Gelierprobe heiß in Gläser füllen, sofort fest verschließen und kopfüber zum Abkühlen aufstellen.

Rose *(Rosa spec.)*

Wir können die Blüten der Hundsrose (daraus entstehen die bekannten Hagebutten), der Strand- oder Kartoffelrose (mit deutlich größeren Früchten) oder die Blüten unserer Zier- oder Duftrosen sammeln. Alle sind für köstliches Gelee geeignet. Es werden nur unbehandelte Blüten gesammelt, ohne Laub und Stiele.

Bei der Ernte bitte auch an die Zeilen vom Geheimrat Goethe denken: „…. Röslein sprach, ich steche dich…“. Das geht ganz schnell.

Tannine, Pektine, Vitamin C und auch Carotinoide sind vitaminreiche, harntreibende und entzündungshemmende Inhaltsstoffe der Rosen.

Die Blüten werden vor der Verarbeitung gründlich durchgesehen und kleine Insekten etc. entfernt.

Bild rechts: *Bei der Fülle lohnt sich das Sammeln, aber einige Blüten sollten immer am Strauch bleiben.*

Rosmarin

Blüten des Rosmarin

Rosmarin
(Rosmarinus officinalis)

Rosmarin ist in seiner Heimat immergrün. Dieser gut verzweigte Strauch wird etwa 1 m hoch. Bei uns ist Rosmarin nicht frosthart, deshalb sollte er vorsorglich im Topf kultiviert werden, da er somit während der kalten Tage frostfrei eingeräumt werden kann.

Rosmarin möchte einen warmen Standort, dort entfaltet sich sein herb-bitteres Aroma besonders gut. Rosmarin hat nadelähnliche Blätter und blüht ab Juli/August blasslila.

Seine Inhaltsstoffe wie ätherische Öle, Gerbstoffe, Flavonoide und Harze wirken gegen Kopfschmerzen, Kreislauf- und Verdauungsbeschwerden.

In Gerichten wird er mitgekocht – roh entfaltet er sein Aroma nicht.

Rosmaringelee

Zutaten: 6 Stängel Rosmarin, 800 ml Apfelsaft, 500 g Gelierzucker 2:1, 2 Zitronen, 2 Nelken

Rosmarin zerkleinern, mit dem Apfelsaft übergießen und über Nacht stehen lassen. Dann abseihen, mit dem Gelierzucker, dem Saft der Zitronen und den Nelken kurz aufkochen und weitere 4 Min. köcheln lassen. Nach der Gelierprobe die Nelken entfernen, heiß in Gläser füllen, fest verschließen und kopfüber zum Abkühlen aufstellen.

Einzelblüte vom Rotklee. Ohne Stiel und Blätter sammeln.

Rotklee *(Trifolium pratense)*

Diese zwei- bis mehrjährige Pflanze ist mit ihren deutlich rosafarbenen Blütenköpfen weithin auf Grünlandflächen, Wiesenrändern oder direkt großflächig, als Futterpflanze angebaut, zu sehen.

Die Blüten kann man ab Mai und bis zum Spätherbst sammeln. Sie sind ein guter Honiglieferant. Gesammelt werden die gut rötlich aussehenden, jedoch keine bräunlich abgewelkten Blüten.

Rotklee enthält Vitamin C und E, das Provitamin A, auch Flavonoide, ätherische Öle und Glycoside.

Er wird in der Volksmedizin bei Verdauungsbeschwerden, Erkältungen, gegen Ängste, Kopfschmerzen und Stresssymptome eingesetzt.

Rotkleeblütengelee

Zutaten: 100 g Rotkleeblüten, 750 ml Apfelsaft, 500 g Gelierzucker 2:1

Blüten von Stängelresten und Blättern entfernen, auf Insektenbesatz durchsehen, mit dem Apfelsaft übergießen und über Nacht stehen lassen. Danach abseihen, mit dem Gelierzucker mischen, kurz aufkochen und weitere 4 Min. köcheln lassen. Gelierprobe machen, heiß in Gläser füllen, sofort fest verschließen und kopfüber zum Abkühlen aufstellen.

Salbei

Blühender Salbei im Garten

Salbei, Wiesensalbei
(Salvia officinalis; Salvia pratensis)

In wärmeren Regionen wächst der Wiesensalbei wild an Wegrändern, auf Blumenwiesen oder auf Weiden. Er kann bis zu 1 m hoch werden und wächst besonders gut auf mageren Böden. Gesammelt werden die Blütenstände, sie sind gut färbend und pinkfarben wird auch das Gelee.

Im Garten wird der Salbei (Salvia officinalis) in voller Sonne angebaut, er wünscht einen durchlässigen und kalkhaltigen Boden.

Salbei wirkt antiseptisch, lindert Entzündungen und reduziert Schweißaustritte. Ätherische Öle wie Thujon, Campher, Borneol und Gerbstoffe gehören zu den Inhaltsstoffen.

In der Küche wird er immer mitgekocht, roh schmeckt er nicht. Das kommt unserer Verwendung für Gelee sehr entgegen.

Wiesensalbeiblütengelee

Zutaten: 12 Salbeiblätter, 80 g Salbeiblüten, 500 ml Apfelsaft, 300 g Gelierzucker 2:1, 25 ml Zitronensaft

Blätter und Blüten auf Insektenbesatz durchsehen, mit dem Apfelsaft übergießen und über Nacht stehen lassen. Dann abseihen, mit Gelierzucker und Zitronensaft mischen, kurz aufkochen und weitere 4 Min. köcheln lassen. Nach der Gelierprobe heiß in Gläser füllen, fest verschließen und kopfüber zum Abkühlen aufstellen.

Schafgarbe
(Achillea millefolium)

Auch als Katzkraut, Bauchwehkraut oder Blutstillkraut bekannt.

Diese typische Pflanze auf Wiesen und Weiden, Wegrändern und Ödland ist mit den großen weißen Doldenblüten schon weithin sichtbar. Schafgarbe wächst mehrjährig und wird bis zu 80 cm hoch.

Blütendolden der Schafgarbe

Ab Juni bis zum Spätherbst erscheinen die überwiegend weißen Blüten, manchmal sind sie auch ganz zartrosa gefärbt. Sie werden mit wenig Stängel abgeschnitten. Schafgarbe enthält Harz, ätherische Öle, Saponine, Öle, Vitamin C und K und weist einen schwach aromatischen Geruch auf. Sie hilft u. a. bei Magenbeschwerden, wirkt verdauungsfördernd und appetitanregend.

Die feinen federartigen Blätter werden gern für Würzbutter, Salate, als Suppeneinlage und frisch aufs Brot verwendet.

Schafgarbe gilt als eine der ältesten Heilpflanzen. Schon Achilles soll sie zur Wundheilung eingesetzt haben. Sie wirkt blutstillend und auch bei Darm-, Leber-, Magen- und Nierenleiden. Schafgarbe regt den Stoffwechsel an, wirkt krampflösend und entzündungshemmend.

Im Heilpflanzen-Horoskop wird sie „Augenbraue der Venus" genannt und den Organen Niere, Haut und Blase zugeordnet.

Schafgarbe

Blühende Schafgarbe

Schafgarbenblütengelee

Zutaten: 100 g Schafgarbenblüten, 300 ml Apfelsaft, 100 ml Weißwein, 350 g Gelierzucker 2:1

Blüten von den Stängeln trennen (einzelne junge Blättchen können daran bleiben), dann mit dem Apfelsaft übergießen und über Nacht stehen lassen. Nach dem Abseihen mit dem Gelierzucker und Weißwein mischen, kurz aufkochen und weitere 4 Min. köcheln lassen. Nach der Gelierprobe sofort heiß in Gläser füllen, fest verschließen und kopfüber zum Abkühlen aufstellen.

Schlehe *(Prunus spinosa)*

Im April/Mai erscheinen die kleinen weißen Blüten der Schlehe,
auch Schwarzdorn genannt, an den
dornigen Zweigen. Vorsicht ist beim
Pflücken angesagt!

Die Blüten erscheinen noch vor den
Laubblättern und sie duften schwach
nach Bittermandeln.

Dieses Gehölz kann bis zu 3 m
hoch werden und ist häufig in Hecken und Waldrändern zu finden.
Sonnige und kalkhaltige Standorte
werden bevorzugt.

Gerb- und Bitterstoffe und Flavone
sind u.a. die Inhaltsstoffe, die eine
leicht abführende und harntreibende
Wirkung besitzen.

Weiße Blüten der Schlehe

Die Blüten wirken zudem gegen
Magenkrämpfe und Durchfall und
besitzen schweißtreibende Eigenschaften.

Sie werden nach dem Erblühen gesammelt und heute überwiegend in
Tees verarbeitet. Knospen und bereits braun werdende Blüten sollten
nicht gesammelt werden.

Schlehe

Abwiegen der Schlehenblüten

Schlehenblütengelee

Zutaten: 100 g Schlehenblüten, 700 ml Apfelsaft, 500 g Gelierzucker 2:1

Schlehenblüten von den Stielen zupfen und dabei auf Insekten durchsehen. Die Blüten mit dem Apfelsaft übergießen und über Nacht stehen lassen. Abseihen, mit dem Gelierzucker mischen, kurz aufkochen und weitere 4 Min. köcheln lassen.

Nach der Gelierprobe sofort heiß in Gläser füllen, fest verschließen und zum Abkühlen kopfüber aufstellen.

Blühender Schnittlauch

Schnittlauch
(Allium schoenoprasum)

Schnittlauch ist mehrjährig und kann bei uns im Freiland überwintern. Er möchte sonnig oder auch etwas halbschattig stehen. Der Schnittlauchklumpen mit seinen vielen kleinen Zwiebeln, die hier eng zusammenstehen, treibt zeitig im Frühjahr aus.

Seine rosa Blüten erscheinen ab Juli und er kommt mehrmals im Jahr zur Blüte.

Die Inhaltsstoffe sind Senföle, Mineralstoffe und Vitamin C. Deshalb ist Schnittlauch besonders im Frühjahr als frisches Grün so begehrt.

Schnittlauchblütengelee

Zutaten: 100 g Schnittlauchblüten mit wenig Stängeln, 700 ml Apfelsaft, 500 g Gelierzucker 2:1

Schnittlauchblüten mit ca. 1 cm Stängel durchsehen und grob zerkleinern, mit dem Apfelsaft übergießen und über Nacht stehen lassen. Abseihen, mit dem Gelierzucker aufkochen und weitere 4 Min. köcheln lassen. Gelierprobe machen, sofort heiß in Gläser füllen, fest verschließen und kopfüber zum Abkühlen aufstellen.

Die „Sonnenanbeterin"

Sonnenblumengelee

Zutaten: 500 g Blüten der Sonnenblume, 700 ml Apfelsaft, 500 g Gelierzucker 2:1

Die Blüten auf Insekten durchsehen, in kleine Stücke teilen, mit dem Apfelsaft übergießen und über Nacht stehen lassen. Dann abseihen, mit dem Gelierzucker mischen, kurz aufkochen und weitere 4 Min. köcheln lassen. Gelierprobe machen und danach sofort heiß in Gläser füllen, fest verschließen und kopfüber zum Abkühlen aufstellen.

Sonnenblume
(Helianthus annuus)

Die Sonnenblume ist einjährig und wird meist kultiviert vorgefunden. Deshalb sollte vor der Ernte unbedingt der Anbauer um Erlaubnis gebeten werden. Die Sonnenblume kommt aber auch verwildert auf Schutt- oder Ödlandflächen vor.

Die großen Laubblätter wurden früher in der Küche auch zum Umwickeln von Krautrouladen verwendet. Die großen gelben Blütenstände sind weithin sichtbar. Für die Geleezubereitung werden hauptsächlich die zahlreichen Seitenblüten gesammelt. Die Hauptblüte bleibt für die Ausbildung der Samenkerne erhalten.

Diese blühenden Sprossspitzen beinhalten Karotinoide, Flavonoide und Phytosterin. Sie wirken diätetisch, harntreibend und fiebersenkend.

Bild rechts: *Blühendes Springkraut*

Springkraut
(Impatiens glandulifera)

Springkraut, Indisches Springkraut oder Balsamine – immer ist dieser „Neubürger" gemeint. Ursprünglich von Asien stammend, ist es auch bei uns eingewandert und hat sich in einigen Regionen erheblich verbreitet. Die Pflanze wächst an Waldrändern, aber noch lieber an Bach- und Ufersäumen in wahrer Vielfalt. Springkraut verdrängt viele einheimische Pflanzen, die sich nicht in gleicher Weise durchsetzen können.

Gesammelt werden die Blüten ohne Stängel.

Springkrautblütengelee

Zutaten: 100 g Springkrautblüten, 600 ml Apfelsaft, 500 g Gelierzucker 2:1

Die geernteten Blüten in weiß, rötlich oder in bunter Mischung werden durchgesehen und von den restlichen Stängelchen befreit. Im Apfelsaft über Nacht stehen lassen, danach abseihen, mit dem Gelierzucker mischen, kurz aufkochen und dann weitere 4 Min. köcheln lassen. Gelierprobe machen und dann sofort heiß in Gläser füllen, fest verschließen und kopfüber zum Abkühlen aufstellen.

Goldnesselblüten

Taubnessel *(Lamium spec.)*

Wir kennen die Weiße Taubnessel (Lamium album), die auch in der Humanmedizin Verwendung findet, die Rote Taubnessel (Lamium purpureum var. purpureum) und die Goldnessel (Lamium galeobdolon), letztere mit gefleckten Blättern. Bevorzugt verwenden wir aber die Weiße Taubnessel.

Die Blüten der bis 60 cm hoch werdenden mehrjährigen Pflanze duften schwach nach Honig und schmecken süß. Alle Taubnesselarten wachsen gern unter Hecken, auf Schuttplätzen und Wiesen.

Taubnesselblütengelee

Zutaten: 50 g Taubnesselblüten, 500 ml Apfelsaft, 300 g Gelierzucker 2:1, 1 Zitrone

Blüten der Taubnesseln abzupfen, Insekten entfernen, mit dem Apfelsaft übergießen und über Nacht ziehen lassen. Dann Abseihen, mit dem Gelierzucker und dem Zitronensaft mischen, kurz aufkochen und weitere 5 Min. köcheln lassen. Gelierprobe machen, sofort heiß in Gläser füllen, fest verschließen und kopfüber zum Abkühlen aufstellen.

Die Hauptbestandteile der Weißen Taubnessel sind Tannine, Pflanzenschleim, Saponine, Gerbstoffe, Zucker und ätherisches Öl.

Sie wirken reizlindernd, blutstillend und im Magen- und Darmbereich krampflösend.

Bild rechts: *Taubnesselblüte aus der Sicht der Hummel*
Bild S.94-95: *Verschiedenfarbige Taubnesselblüten*

Veilchen *(Viola spec.)*

... und lass uns an dem Bache die kleinen Veilchen blüh´n

Veilchen – regional auch Duftveilchen, Osterchen und Wohlriechendes Veilchen genannt – blühen meist im April/Mai; manchmal auch mit einem zweiten, deutlich weniger ausgeprägten Flor zu Beginn des Sommers oder auch im Herbst.

Die Blüten unserer verarbeiteten Veilchenart duften – und nur diese werden gesammelt. Je nach Sorte zeigen sich die Blüten in reinem Weiß, kräftigem Blau oder auch in violett-purpurnen Farbtönen.

Veilchen wachsen gern im Halbschatten zwischen vielen anderen Kräutern – und besonders auch an Bachrändern, wie es im bekannten Lied „Komm lieber Mai und mache..." seit langer Zeit besungen wird.

Gesammelt werden nur die Blüten oder die fast geöffneten Knospen ohne Stiel. Sie enthalten auswurf-

Veilchenblütengelee

Zutaten: 700 ml Veilchenblüten, 700 ml Weißwein, 500 g Gelierzucker 2:1, 1 Zitrone

Veilchenblüten kurz waschen, gut ausschwenken oder auf Küchenkrepp gut abtropfen lassen. Dann im Wein kurz aufkochen, weitere 2 Min. köcheln und danach abkühlen lassen. Den Sud durch ein Sieb abgießen. Die Blütenblätter haben nun ihre schöne blaue Farbe verloren.
Veilchensaft mit dem Saft der Zitrone und mit dem Gelierzucker mischen. Kurz aufkochen und ca. 4 Min. sprudelnd kochen lassen. Nach der Gelierprobe heiß in Gläser füllen, fest verschließen und kopfüber zum Abkühlen aufstellen.

Das Veilchengelee ist karminrot, nur die Veilchenblüten sind blau.

fördernde Stoffe, Saponine, Violin und Bitterstoffe.

Die Pflanze wird als gutes Mittel bei Husten, Kopfschmerzen und Darmgasen empfohlen.

In der Volksmedizin wird die abführende und harntreibende Wirkung geschätzt und es wird deshalb auch in Salate gemischt. Die Blüten können auch kandiert werden.

Wacholder
(Juniperus communis)

Ätherische Öle, Vitamin C, Zucker und Bitterstoffe sind die Inhalte der Beeren und auch der grünen Pflanzenteile, die gern zum Räuchern verwendet werden.

Wacholder besitzt eine harntreibende Wirkung und ist gut gegen Rheuma und Gicht.

Wacholder ist ein harzreiches Gehölz, der als Baum bis zu 15 m hoch werden kann. Beim Abschneiden der spitzen Nadeln ist Vorsicht geboten. Wacholder ist ein typisches Gehölz der Heidelandschaft, der Kalk-Magerrasen-Gesellschaften. Wacholder blüht von April bis Mai recht unscheinbar. Die Früchte werden dann erst im kommenden Jahr ausgebildet.
Dem Gehölz werden nur junge zarte Triebe entnommen und zeitnah zu Gelee verarbeitet.

Die Beeren können übrigens auch zu Marmelade verarbeitet werden, dies aber nur zur Information.

Dichter Wacholderzweig
Bild links: *Wacholderzweig mit Triebspitzen*

Wacholdergelee
Zutaten: 200 g Wacholdertriebspitzen, 600 ml Apfelsaft, 500 g Gelierzucker 2:1

Wacholderspitzen zerkleinern und mit dem Apfelsaft übergießen, über Nacht stehen lassen. Nach dem Abseihen und mit dem Gelierzucker mischen, kurz aufkochen und weitere 4 Min. köcheln lassen. Gelierprobe machen, sofort heiß in Gläser füllen, fest verschließen und kopfüber zum Abkühlen aufstellen.

Waldmeister

Blühender Waldmeister

Waldmeister
(Galium odoratum)

Besonders als Unterwuchs in schattigen Laubwäldern finden wir den Waldmeister, der bis zu 25 cm hoch werden kann. Ab Mai/Juni zeigen sich die trichterförmigen, weißen Blüten.

In der Küche verwenden wir Waldmeister ohne Blüten, in der Heilkunde aber mit Blüten.
Lassen Sie das Kraut des Waldmeisters erst etwas anwelken, dann entwickelt sich sein aromatischer Duft besonders intensiv.

Waldmeistergelee
Zutaten: 25 Stängel Waldmeister, 600 ml Apfelsaft, 500 g Gelierzucker 2:1

Waldmeisterstängel ohne Blüten ernten und leicht anwelken lassen, dann mit dem Apfelsaft begießen und über Nacht ziehen lassen. Abseihen, mit dem Gelierzucker mischen, aufkochen und dann weitere 4 Min. köcheln lassen. Gelierprobe machen, sofort heiß in Gläser füllen, fest verschließen und kopfüber zum Abkühlen aufstellen.

Achtung

Waldmeister wird generell nicht in zu großen Mengen verarbeitet oder verzehrt.
Die Pflanze enthält u.a. ätherisches Öl, Cumarin, Gerbstoffe, Bitterstoffe und Glykosid.

Wegwarte
(Cichorium intybus)

Diese mehrjährige krautige Pflanze mit ihren meist blauen Blüten, ist auch als Zichorie oder Kaffeekraut namentlich weithin bekannt. Sie ist die Stammpflanze unseres Chicorees. In den Blüten wurde das Glykosid Chichoriin nachgewiesen. Im Heilpflanzen-Horoskop wird sie Blaue Blume genannt und den Organen Leber, Milz und Darm zugeordnet. Sie wirkt verdauungsfördernd, entschlackend und reinigend.

Die Wegwarte kann bis zu 120 cm hoch werden. Besonders an Weg- und Waldrändern sowie im Brachland leuchten ab Juli bis zum Herbst die blauen Blüten weithin.

Unsere älteren Mitmenschen werden sich vielleicht noch an den Zichorienkaffee erinnern. Er wurde einst in Notzeiten aus der getrockneten gemahlenen Wurzel dieser Pflanze hergestellt.

Das blau blühende „Kaffeekraut"

Wegwartengelee
Zutaten: 100 g Blüten der Wegwarte, 600 ml Apfelsaft, 500 g Gelierzucker 2:1

Blüten von Stängelteilen trennen, auf Insekten durchsehen, mit dem Apfelsaft übergießen und über Nacht stehen lassen. Abseihen, mit dem Gelierzucker kurz aufkochen und weitere 4 Min. köcheln lassen. Gelierprobe machen und sofort heiß in Gläser füllen, fest verschließen und kopfüber zum Abkühlen aufstellen.

Weißdorn *(Crataegus spec.)*

Dieses Gehölz wird, je nach Blütenfarbe, landläufig Hagedorn, Weiß- oder Rotdorn genannt. Die Triebe haben Dornen und verkehrt-eiförmige Blätter, die Blüten sind in Doldentrauben angeordnet. Er wächst gern in und an buschigen Laubwäldern.

Bereits die alten Germanen nutzten ihn als Heilpflanze. Die Blüten und auch die Blätter enthalten Flavonoide, ätherisches Öl und Gerbstoffe. In den Blüten ist ein herzwirksames Glykosid enthalten. Weißdorn wird

Typische weiße Doldenrispe

Weißdornblütengelee
Zutaten: 600 ml Weißdornblüten, 600 ml Apfelsaft, 500 g Gelierzucker 2:1

Küchenfertige Weißdornblüten im Apfelsaft über Nacht stehen lassen. Dann Abseihen, mit dem Gelierzucker mischen, kurz aufkochen und weitere 4. Min. köcheln lassen. Nach der Gelierprobe heiß in Gläser füllen, verschließen und kopfüber zum Abkühlen aufstellen.

bei Herzmuskelschwäche, Beklemmungsgefühlen und auch Abgeschlagenheit verordnet.

Das Gehölz kann als Baum oder Strauch bis zu 8 m hoch werden. Weißdorn wächst in Hecken, Gebüschen und auch in Laubwäldern.

Weißklee *(Trifolium repens)*

Der Weißklee ist eine kriechende, ausdauernde Pflanzenart und wird meist bis zu 20 cm hoch. Er ist fast ausnahmslos dreiblättrig, vierteilige Blätter gelten als Glückssymbol. Die Blätter sind an einem schwach bogenförmigen weißen Schimmer zu erkennen. Die weißlichen Blütenköpfe, welche von Mai an bis in den Spätherbst erscheinen, sind kleine Kugeln und haben bis zu 1 cm Durchmesser. Sie duften sehr süß und sind mit reichlich Nektar ausgestattet. Wegen der Blütenform können nur Bienen die Blüten besuchen und die Pflanze gilt auch als sehr guter Honiglieferant.

Die abgeblühten Blüten färben sich von weiß zu bräunlichen Farbtönen und die einzelnen Blüten hängen dann auch herab.

In der Volksheilkunde wurden die Blütenköpfe u.a. bei Gicht, Rheuma und auch Frauenleiden eingesetzt.

Sehr häufig auf unseren Wiesen anzutreffen – Weißklee

Weißkleeblütengelee

Zutaten: 250 g Blütenköpfe vom Weißklee, 400 ml Apfelsaft, 200 ml Weißwein, 500 g Gelierzucker 2:1

Weißkleeblüten auf Insektenbesatz durchsehen, längere Stiele entfernen, mit dem Apfelsaft übergießen und über Nacht stehen lassen. Dann abseihen, mit Weißwein und Gelierzucker mischen, kurz aufkochen und weitere 4 Min. köcheln lassen. Nach der Gelierprobe sofort heiß in Gläser füllen, fest verschließen und kopfüber zum Abkühlen aufstellen.

Junge Triebspitzen und Blätter für die Geleezubereitung verwenden

Zitronenmelisse
(Melissa officinalis)

Es gibt einen sehr bekannten Geist, der den Namen dieser Pflanze trägt. Melissengeist wurde 1775 von der Nonne Maria Clementine Martin erstmals hergestellt.

Die mehrjährige Melisse wird auch Zitronenkraut, Nervenkraut, Riechnessel und Herztrost genannt. Der Name „Zitronenkraut" ist sehr zutreffend.

Zitronenmelisse stammt aus dem Mittelmeerraum und wird bei uns kultiviert. Bis zu 50 cm kann sie hoch werden und zwischen Juni und August weiß oder auch rötlich blühen. Die Blätter sind herzförmig.

Im Heilpflanzen-Horoskop ebenfalls als Zitronenkraut bezeichnet, wird sie dem Kreislauf, Knochen und Gelenken zugeordnet.

Schon Hildegard von Bingen empfahl dieses Kraut gegen Kopfschmerzen, Schwindel und Magenbeschwerden. Die Inhaltsstoffe Camphen und Cineol, ätherische Öle, Harze und Bitterstoffe lindern zahlreiche Beschwerden.

Für die Verwendung in der Küche werden junge Triebspitzen und Blätter bis zum Blühbeginn der Pflanzen gesammelt.

Zitronenmelissengelee

Zutaten: 40 g Stängel der Zitronenmelisse, 3 Blättchen Zitronenmelisse, 300 ml Apfelsaft, 300 ml Wasser, 500 g Gelierzucker 2:1, 1 Zitrone

Junge Stängel der Zitronenmelisse waschen, gut ausschwenken und klein schneiden. Wasser aufkochen und über die Zitronenmelisse gießen, 3 bis 5 Stunden ziehen lassen, danach abseihen. Zitrone kräftig waschen/bürsten, trocken reiben. Mit dem Zeestenschäler Streifen aus der Schale herausschneiden und die Zitrone auspressen. Die Zitronenmelisseblättchen in feine Streifen schneiden. Sud, Apfelsaft, Zitronensaft und Gelierzucker mischen, kurz aufkochen und weitere 4 Min. köcheln lassen. Gelierprobe machen, vor dem Einfüllen Blättchenteile und Zeesten von der Zitronenschale in die Gläser verteilen. Dann das Gelee heiß in die Gläser füllen, fest verschließen und kopfüber zum Abkühlen aufstellen.
Zur besseren Verteilung der Zugaben im Gelee diese Gläser bis zum Erkalten vorsichtig mehrmals wenden.

Zitronenverbene
(Aloysia triphylla)

Wohlriechendes Eisenkraut, Zitronen-verbene oder auch Zitronenstrauch wird diese laubwerfende Pflanze genannt. Diese Verbene ist schon am botanischen Namen erkennbar und hat nichts mit der Verbene – Ei-senkraut gemein. Sie stammt aus Südamerika und kam Ende des 18. Jahrhunderts nach Europa. Sie ist nicht winterhart und sollte bis max. - 4° C überwintert werden; optimal als Kübelpflanze, das erleichtert das Ein- und Ausräumen.

Der Strauch duftet nach Zitrone, deshalb wird besonders der Tee mit seinem erfrischenden Zitronena-roma sehr geschätzt. Die frischen Blätter werden auch gern in der Küche verarbeitet.

Zitronenverbene wirkt appetitanre-gend und fördert die Verdauung. Sie wirkt beruhigend, man schläft nach dem Teegenuss besser ein. Das aro-matische ätherische Öl der Blätter wirkt bei Erkältungskrankheiten erfrischend.

Zerkleinerte Blattware
Bild links: *Aus den Blattachseln erscheinen viele Jungtriebe der Zitronenverbene.*

Zitronenverbenengelee
Zutaten: 50 g Zitronenverbenenblätter, 700 ml Apfelsaft, 500 g Gelierzucker 2:1

Blätter und junge Triebspitzen zerkleinern, mit dem Apfelsaft übergießen und über Nacht durchziehen lassen. Dann Absei-hen, mit dem Gelierzucker mischen, kurz aufkochen und weitere 4 Min. köcheln lassen. Nach der Gelierprobe heiß in Gläser füllen, fest verschließen und kopfüber zum Abkühlen aufstellen.

Register botanischer Pflanzennamen

Ocimum basilicum	Basilikum	S. 22-23
Oenothera biennis	Nachtkerze	S. 72
Papaver rhoeas	Mohnblüten	S. 71
Picea abies	Fichtenspitzen	S. 36
Picea pungens 'Glauca'	Blaufichtenspitzen	S. 25
Pinus silvestris	Kiefernspitzen	S. 50
Prunus avium	Kirschblüten	S. 51
Prunus cerasifera 'Nigra'	Blutpflaumenblüten	S. 26-27
Prunus domestica ssp. syriaca	Mirabellenblüten	S. 70
Prunus domestica ssp. insititia	Spillingblüten	S. 70
Prunus spinosa	Schlehenblüten	S. 87-88
Prunus tenella	Mandelblüten, bittere	S. 69
Pseudotsuga menziesii	Douglasienspitzen	S. 30-31
Pyrus communis	Birnenblüten	S. 24
Robinia pseudoacacia	Akazien-/Robinienblüten	S. 16-17
Rosa spec.	Rosenblüten	S. 80-81
Rosmarinus officinalis	Rosmarin	S. 82
Rubus sect.	Brombeerblüten	S. 28-29
Sambucus nigra	Holunderblüten	S. 44
Salvia pratensis	Salbei, Wiesensalbei	S. 84
Syringa vulgaris	Fliederblüten	S. 37
Taraxacum sect. Ruderale	Löwenzahn	S. 60-61
Thymus serpyllum	Feldthymianblüten	S. 34-35
Tilia spec.	Lindenblüten	S. 59
Trifolium pratense	Rotklee	S. 83
Trifolium repens	Weißklee	S. 103
Tussilago farfara	Huflattichblüten	S. 45
Valeriana officinalis	Baldrian	S. 20-21
Verbascum phlomoides	Königskerze	S. 54-55
Viola spec.	Veilchen	S. 96-97
Zea mays	Maisblüten	S. 66-67

Literaturhinweise

BAYERISCHE LANDESANSTALT FÜR LANDWIRTSCHAFT; LfL-Information, Institut für Agrarökologie, Ökologischen Landbau und Bodenschutz, Freising-Weihenstephan, 2008

BERGEN, ILONA: Das Heilpflanzen-Horoskop; Smaragd Verlag, Neuwied, 1994

BILGRI, Pater ANSELM und ADAM, BIRGIT: Das Kloster Andechs Kräuterbuch; Sankt Ulrich Verlag GmbH, Augsburg, 2000

BÖHMIG, FRANZ: 300 Ratschläge für den Gewürzkräutergarten; Neumann Verlag, Radebeul, 1964

BÜHRING, URSEL: Blütenküche; Eugen Ulmer KG, Stuttgart, 2009

DÖRFLER, DR. DR. FRIEDRICH und ROSELT, PROF. DR. HABIL GERHARD: Unsere Heilpflanzen; Urania-Verlag Leipzig/Jena/Berlin, 3. Aufl., 1964

FINK-HENSELER, ROLAND W.: Großmutters Hausapotheke; Gondrom Verlag, Bindlach, 1987

FLEISCHHAUER, STEFFEN GUIDO: Kleine Enzyklopädie der essbaren Wildpflanzen; Verlagsgruppe Weltbild GmbH, Augsburg, 2012

GRUDZIELSKI, ELVIRA: Gesundheit von der Wiese; Demmler Verlag GmbH, Ribnitz-Damgarten, 2012

GUTHJAHR; MARKUSINE: Aromaschätze, wilde Früchte und Gewürze; Landbuch Verlag Hannover, Hannover, 2004

IDEN, KARIN: Jetzt geht´s ans Eingemachte!; Verlag W. Hölker GmbH, Münster, 2000,

KLAMETH, JANA: Dase isst mit; Freie Presse, Chemnitz, Ausgabe 23.01.2012

KOSCHTSCHEJEW, A. K.: Wildwachsende Pflanzen in unserer Ernährung; VEB Fachbuchverlag Leipzig, Leipzig, 2. Aufl., 1990

LÖSER, EVEMARIE und DR. FRANK: Wildfrüchte, Demmler Verlag, Schwerin, 2009

LÖSER, EVEMARIE und DR. FRANK: Kartoffeln, Demmler Verlag, Ribnitz-Damgarten, 2011

LÖSER, EVEMARIE und DR. FRANK: Zwiebeln, Demmler Verlag, Ribnitz-Damgarten, 2010

LÖSER, EVEMARIE und DR. FRANK: Sanddorn, Demmler Verlag, Schwerin, 2006

LÖSER, EVEMARIE und DR. FRANK: Eberesche, Rockstuhl, Bad Langensalza, 2010

LÖSER, EVEMARIE und DR. FRANK: Schmalz, Stock & Stein, Schwerin, 2003

NÜRNBERGER, FRANK: Kleines Oberlausitzer Marmeladen-Kochbuch; Oberlausitzer Verlag Frank Nürnberger, Spitzcunnersdorf, 2010

REGER; KARL HEINZ: Hildegard Medizin; Wilhelm Goldmann Verlag, München, 1992

SCHARFENBERG, HORST: Köstliche Kräuterküche; Verlagsgruppe Weltbild GmbH, Augsburg, 2006

THURZOVA, L. ET.AL.: Lexikon der Heilpflanzen; Lingen Verlag Köln, 1986

ZELTNER, DR. RENATE: Marmeladen, Konfitüren, Gelees; Goldmann Verlag, München, 1988

o.V.: Köstliche Marmeladen, Gelees & Co. Selber machen; Naumann & Göbel Verlagsgesellschaft mbH, o.J.,

o.V.: Rosen kulinarisch, Regia-Verlag Cottbus, Cottbus, o.J.

o.V.: Die grosse Enzyklopädie der Heilpflanzen; Neuer Kaiser Verlag, Gesellschaft m.b.H., Klagenfurt, 1994

o.V.: Kataloge der Späth`sche Baumschulen, Berlin, o.J.

o.V.: Das große Lexikon der Heilsteine, Düfte und Kräuter; Methusalem-Verlags-Gesellschaft mbH, Neu-Ulm, 1995

Zu den Autoren

Evemarie Löser

1949 in Ulrichshalben, unweit von Weimar geboren. Nach dem Schulbesuch Berufsausbildung, dann Meister für Lederverarbeitung. 1973 Umzug nach Schwerin/Meckl.
Von 1980 bis zum Ruhestand 2011 im Sozialwesen tätig. Neben Familie (zwei erwachsene Kinder) und Beruf immer Freude im Umgang mit Menschen, am Kleingarten und an der Verarbeitung der Ernte. Liebt die Kommunikation in Wort und Schrift und kreatives Gestalten.

Dr. Frank Löser

1944 in Lößnitz bei Freiberg/Sachsen geboren. Nach Schulbesuch Ausbildung zum Gärtner und Besuch der Fachschule für Pflanzenschutz in Halle/Saale 1963-66. Viele Jahre Mitarbeiter im Pflanzenschutzamt Karl-Marx-Stadt. 1969 -1974 Fernstudium zum Dipl.-Agr.-Ing. und anschließend außerplanmäßige Dissertation.
Der Autor lebt seit 1984 in Mecklenburg und hat zwei erwachsene Kinder. Ab 1990 bis zum Ruhestand 2010 selbständig im Bereich der Werbeakquise tätig. Seine besonderen Hobbys sind das Entdecken und Erkunden der Natur, der Pflanzen- und Tierwelt.
Im Demmler Verlag sind von ihm bisher die Sagenbände „Thüringer Wald", „Weimarer Land", „ Die Ostseeküste. Von Wismar bis Warnemünde" und „Der Sanddorn" erschienen. Gemeinsam veröffentlichten sie, ebenfalls im Demmler Verlag, „Wildfrüchte", „Zwiebeln" und „Kartoffeln".

In der beliebten Naturpflanzenreihe für Küche und Hausapotheke sind bisher erschienen:
Jeder Band mit zahlreichen Farbfotos zu einem Preis von € 8.95

Ursula Schönfeld / Petra Neugebauer
ISBN 978-3-910150-68-3

Krystin Liebert
ISBN 978-3-910150-79-9

Elvira Grudzielski
ISBN 978-3-910150-95-9

Frank Löser
ISBN 978-3-910150-71-3

Evemarie und Frank Löser
ISBN 978-3-910150-87-4

Evemarie und Frank Löser
ISBN 978-3-910150-97-3
In Vorbereitung

Evemarie und Frank Löser
ISBN 978-3-910150-80-5

Evemarie und Frank Löser
ISBN 978-3-910150-88-1

Evemarie und Frank Löser
ISBN 978-3-910150-98-0

Erhältlich in jeder Buchhandlung oder bei
Demmler Verlag GmbH
An der Bäderstraße 7 c
18311 Ribnitz-Damgarten
Tel. 03821/706397
Fax. 03821/708876
info@demmlerverlag.de

Bestell-Hotline – Verlagsauslieferung grünes herz
Tel. 03677 /46628-10
Fax.03677/ 46628-11
bestellung@gruenes-herz.de